Ma Dame Caprice

Jeffrey Farnol

Writat

Cette édition parue en 2024

ISBN : 9789359946382

Publié par
Writat
email : info@writat.com

Contenu

JE
TRÉSOR

Je me suis assis à la pêche. Je n'avais bien sûr rien attrapé, je le fais rarement et je n'aime pas du tout la pêche, mais j'ai quand même pêché assidûment, parce que les circonstances l'exigeaient.

Tout cela était dû à Lady Warburton, la tante maternelle de Lisbeth. Qui est Lisbeth, vous le saurez si vous prenez la peine de lire ces récits véridiques - contentez-vous pour le moment qu'elle soit orpheline depuis sa jeunesse, sans aucun parent vivant hormis sa sœur mariée Julia et sa tante (avec un A majuscule) - la Lady Warburton susmentionnée.

Lady Warburton est petite et quelque peu osseuse, avec un menton pointu et un nez plus pointu, et utilise invariablement une lorgnette ; en outre, elle possède de nombreux biens matériels.

Il y a exactement une semaine, Lady Warburton m'avait demandé de lui rendre visite ; elle m'avait regardé avec une curieuse exactitude à travers sa lorgnette et, avec douceur, quoique fermement (Lady Warburton est toujours ferme), elle avait suggéré qu'Elizabeth, bien que chère enfant, était jeune et encline à être un peu volontaire. Qu'elle (Lady Warburton) était d'avis qu'Elizabeth avait pris l'amitié qui existait entre nous depuis si longtemps pour quelque chose de plus fort. Même si elle (Lady Warburton) appréciait grandement le fait que celui qui écrivait des livres, et parfois une pièce de théâtre, n'était pas nécessairement immoral... J'étais néanmoins, bien sûr, un terrible bohème, et l'air de Bohême n'était pas calculé pour conduire à cela. degré d'harmonie matrimoniale qu'elle (Lady Warburton), en tant que tante d'Elizabeth, se tenant à ses côtés à la place d'une mère, pouvait souhaiter. Donc, dans ces circonstances, mes attentions étaient... etc., etc.

Ici, je me dirais avec justice que, malgré le torrent de son éloquence, j'avais d'abord fait quelque tentative de résistance ; mais qui pouvait espérer lutter avec succès contre une femme dotée d'un nez et d'un menton si indomptables, et qui, en outre, pouvait niveler une paire de lorgnettes avec une précision aussi mortelle ? Pourtant, si Lisbeth avait été à mes côtés, les choses auraient pu être différentes à ce moment-là ; mais elle était partie à la campagne, ainsi que Lady Warburton m'en avait informé. Ainsi, seule et à sa merci, elle avait réussi à m'arracher une demi-promesse que je cesserais mes attentions pendant six mois, « juste pour donner à la chère Elizabeth le temps de connaître son propre cœur à ce sujet ».

C'était lundi dernier. Le mercredi suivant, alors que j'errais sans but le long de Piccadilly, en désaccord avec Fortune et moi-même, mais surtout avec moi-même, mon regard rencontra la duchesse de Chelsea.

La duchesse est familièrement connue sous le nom de "Conversational Brook" car lorsqu'elle commence, elle continue indéfiniment. Aussi, étant dans mon état d'esprit d'alors, ce fut avec un sentiment de rébellion que j'obéis à l'appel de son ombrelle et me dirigeai vers le coupé.

"Alors elle est partie ?" » fut sa salutation alors que je soulevais mon chapeau : « Lisbeth, » acquiesça-t-elle, « il m'est arrivé d'entendre quelque chose à son sujet, vous savez.

C'est peut-être étrange, mais la duchesse « arrive généralement à entendre » quelque chose à propos de tout. "Et en fait, tu t'es laissé intimider pour faire cette promesse – Dick ! Dick ! J'ai honte de toi. "

"Comment pouvais-je m'aider ?" J'ai commencé. "Tu vois-"

"Pauvre garçon!" dit la duchesse en me tapotant affectueusement avec le manche de son ombrelle, ce n'était évidemment pas prévu. Vous voyez, je la connais : il y a de très nombreuses années, j'étais à l'école avec Agatha Warburton.

"Mais elle n'utilisait probablement pas de lorgnettes à l'époque, et—"

"Son nez était tout aussi pointu, comme je l'appelais 'pointu'", acquiesça la duchesse. « Et elle a effectivement renvoyé Lisbeth – chère enfant – et dans un petit endroit si horrible et si calme, où elle n'aura personne à qui parler à part ce jeune Selwyn.

"Je vous demande pardon, Duchesse, mais—"

"Horace Selwyn, de Selwyn Park, cousin de Lord Selwyn, de Brankesmere . Agatha complote depuis longtemps, sous la rose, vous savez. Bien sûr, ce serait un bon mariage, d'une certaine manière, riche et tout ça - mais je dois dire qu'il m'ennuie horriblement - tellement sérieux et précis !

"Vraiment!" M'écriai-je, " tu veux dire..."

"Je m'attends à ce qu'elle les marie avant qu'ils ne s'en rendent compte. Agatha est terriblement déterminée. Son caractère réside dans son nez et son menton."

"Mais Lisbeth n'est pas une enfant, elle a sa propre volonté, et..."

"C'est vrai", acquiesça la duchesse, "mais est-ce à la hauteur du menton d'Agatha ? Et puis aussi, il est plus que possible que vous soyez maintenant l'objet de son mépris le plus amer.

"Mais, ma chère duchesse..."

"Oh, Agatha est une diplomate née. Bien sûr, elle a écrit avant cela, et sans vraiment le dire, elle a réussi à faire comprendre que vous êtes un monstre de perfidie; et Lisbeth, la pauvre enfant, est probablement en train de pleurer à chaudes larmes, ou imaginant qu'elle vous déteste, est prête à accepter la première proposition qu'elle reçoit par pur dépit."

« Grand Dieu ! Je me suis exclamé : " Que puis-je faire ? "

"Vous pourriez aller pêcher", suggéra pensivement la duchesse.

"Pêche!" J'ai répété : "— euh , bien sûr, mais..."

« Riverdale est un très joli endroit, me dit-on, » poursuivit la duchesse du même ton pensif ; "Il y a là une maison, un bel endroit ancien appelé Fane Court. Elle fait face à la rivière et jouxte Selwyn Park, je crois."

"Duchesse", m'exclamai-je en notant l'adresse sur ma manchette, "je vous dois une dette de gratitude que je ne pourrai jamais..."

"Tut tut!" » dit sa Grâce.

"Je pense que je vais commencer aujourd'hui, et..."

"Vous ne pourriez vraiment pas faire mieux", acquiesça la duchesse.

C'est ainsi qu'en cet après-midi d'août, je pêchais assis à l'ombre des aulnes, la fumée de ma pipe flottant au soleil.

Par des questions adroites, j'avais obtenu de mon hôte des Trois Jolly Anglers l'endroit précis où se trouvait Fane Court, la demeure de la sœur de Lisbeth, et guidé par ses instructions, j'avais choisi cet endroit isolé, où, en tournant simplement la tête, je pouvais apercevoir de ses hautes cheminées au-dessus du vert ondulant de la cime des arbres.

C'est une bonne chose, par une chaude après-midi d'été, dans un écrin ombragé, de s'allonger sur le dos et de regarder à travers un réseau de branches le bleu sans limites de l'au-delà, tandis que l'air est plein du remuement des feuilles et du murmure de l'eau parmi les nuages. les roseaux. Ou appuyés sur un coude paresseux, pour regarder des misérables en sueur, essoufflés et le visage violet, pousser les bateaux vers le haut ou vers le bas, chacun se trompant en croyant qu'il y prend plaisir. La vie dans de telles conditions peut paraître très juste, comme je le dis ; pourtant je n'étais pas content. Les paroles de la duchesse résonnaient partout autour de moi.

"Vous êtes désormais devenu l'objet de son mépris le plus amer", sanglotait le vent.

"Tu es devenu", etc., etc., gémissait la rivière. C'est donc avec beaucoup d'appréhension que j'attendais avec impatience ma rencontre avec Lisbeth.

C'est à ce moment que les buissons s'écartèrent et qu'un garçon apparut. C'était un garçon un peu petit, vêtu d'un costume de velours avec un col en dentelle, tous deux abondamment éclaboussés de boue. Il portait ses chaussures et ses bas sous un bras et, de l'autre main, balançait une branche de noisetier. Il se tenait debout, ses petites jambes brunes bien écartées, me regardant d'un œil critique ; mais quand il parla enfin, son attitude était décidément amicale.

"Bonjour, mec !"

"Bonjour," je suis revenu; "Et qui peux-tu être ?"

"Eh bien, mon vrai nom est Reginald Augustus, mais ils m'appellent 'Le Diablotin'."

"Je peux bien le croire", dis-je en regardant sa personne boueuse.

"S'il vous plaît, qu'est-ce qu'un diablotin ?"

"Un diablotin est une sorte de … ange ."

"Mais," rétorqua-t-il après un moment de réflexion, "je n'ai pas d'ailes, ni d'autres choses, ni de trompette."

"Votre espèce n'a jamais d'ailes ni de trompettes."

"Oh, je vois," dit-il ; et s'asseyant, il commença à essuyer la boue de ses jambes avec ses bas.

"Plutôt boueux, n'est-ce pas ?" J'ai laissé entendre. Le garçon jeta un regard furtif à sa personne traînée.

"' J'ai peur que je sois un tout petit peu mouillé aussi," dit-il avec hésitation. "Vous voyez, j'ai joué à 'Romans' et j'ai dû patauger, vous savez, parce que j'étais le porte-étendard qui sautait dans la mer en agitant son épée et en criant : 'Suivez-moi !' Vous vous souvenez de lui, n'est-ce pas ? Il est dans le livre d'histoire.

"Bien sûr," j'acquiesçai ; "un personnage véritablement héroïque. Mais si vous étiez les Romains, où étaient les anciens Britanniques ?"

"Oh, c'étaient les roseaux, tu sais ; tu aurais dû me voir les tuer. C'était bien ; ils sont tombés comme—comme—"

"Le maïs avant la faucille", suggérai-je.

"Oui, juste !" il pleure; "la bataille a duré des heures."

"Tu dois être plutôt fatigué."

"Bien sûr que non", répondit-il avec un regard indigné. "Je ne suis pas une fille et j'ai presque neuf ans aussi."

« Je déduis de votre ton que vous n'aimez pas le sexe – vous n'aimez pas les filles, hein, Lutin ?

"Je ne devrais pas le penser", répondit-il; "Les choses sont stupides, les filles. Il y a Dorothy, vous savez; nous jouions aux exécutions l'autre jour - elle était Mary, reine d'Écosse et j'étais le bourreau. J'ai fabriqué une belle hache avec du bois et du papier d'argent, vous savez; et quand je lui ai coupé la tête, elle a pleuré horriblement, et je ne lui ai donné qu'une toute petite tape – et ils m'ont envoyé au lit à six heures pour ça, je crois qu'elle a pleuré exprès – terriblement caddish, n'est-ce pas ? "

« Mon cher diablotin, dis-je, plus tu vieillis, plus la dépravation du sexe te deviendra apparente.

"Tu sais, je t'aime bien," dit-il en me regardant pensivement, "Je pense que tu vas bien."

« C'est très gentil de votre part, Diablotin ; comme mon espèce, j'ai un faible pour la flatterie – continuez s'il vous plaît.

"Je veux dire, je pense que tu es joyeux."

« Quant à cela, dis-je en secouant la tête et en soupirant, les apparences sont souvent très trompeuses ; au cœur de nombreuses belles fleurs se trouve un ver chancreux.

" Moi aussi, j'aime beaucoup les vers ", dit le diablotin.

"En effet?"

"Oui. J'en ai eu une pleine poche hier, seule Tante l'a découvert et m'a obligé à les laisser tous repartir."

« Ah… oui, » dis-je avec sympathie ; "c'était la femme de ça."

"Il ne m'en reste qu'un maintenant", continua le diablotin ; et plongeant une main dans la poche de sa culotte, il en sortit environ six pouces de ver gluant et me le tendit sur sa petite paume crasseuse.

"Il est gentil et gros !" J'ai dit.

"Oui," acquiesça le diablotin ; "Je l'ai attrapé sous les groseilliers ;" et le remettant dans sa poche, il commença à enfiler ses chaussures et ses bas.

" J'ai peur d' être un peu boueux, " dit-il soudainement.

"Oh, tu pourrais être pire," répondis-je de manière rassurante.

« Pensez-vous qu'ils le remarqueront ? » s'enquit-il en se contorsionnant horriblement pour voir le bas de son dos.

"Eh bien," j'ai hésité, "tout dépend, tu sais."

"Ça ne me dérange pas Dorothy, ni Betty la cuisinière, ni la gouvernante, c'est à tante Lisbeth que je pense."

« Tante… qui ? M'écriai-je, quelle que soit la grammaire.

"Tante Lisbeth", répéta le diablotin.

"À quoi ressemble-t-elle?"

"Oh, elle a grandi, seulement elle est gentille. Elle est venue pour s'occuper de Dorothy et de moi pendant que maman s'en va pour devenir gentille et forte - oh tante Lisbeth est joyeuse, tu sais."

"Avec des cheveux noirs et des yeux bleus ?"

Le diablotin hocha la tête.

"Et une fossette au coin de la bouche ?" J'ai continué en rêveur : « une fossette qui mènerait un homme au… Vieux Monsieur lui-même ».

"Quel vieux monsieur ?"

"Oh, un vieux monsieur plutôt peu recommandable," répondis-je évasivement.

"Et tu connais ma tante Lisbeth ?"

"Je pense que c'est extrêmement probable. En fait, j'en suis sûr."

"Alors tu pourrais me prêter ton mouchoir, s'il te plaît ; j'ai attaché le mien à un buisson comme drapeau, tu sais, et il a explosé."

"Tu ferais mieux de venir ici et je vais te frotter mon Diablotin." Il obéit, avec de nombreuses expressions de gratitude.

"Avez-vous des tantes ?" » s'enquit-il pendant que je travaillais sur sa personne bourbeuse.

"Non", répondis-je en secouant la tête; "Malheureusement, je suis toutes des tantes et c'est très différent."

« Oh », dit le diablotin en me regardant avec une expression perplexe ; "Sont-ils gentils - je veux dire, est-ce qu'ils vous lisent déjà des passages du livre d'histoire et vous aident à faire naviguer des bateaux et à pagayer ?"

"Pagayer?" je répète

"Oui. Ma tante Lisbeth le fait. L'autre jour, nous nous sommes levés très tôt et sommes allés nous promener et nous sommes arrivés à la rivière, alors nous avons enlevé nos chaussures et nos bas et nous avons pagayé; c'était vraiment très joyeux. , tu sais. Et quand tante ne regardait pas, j'ai trouvé une grenouille et je l'ai mise dans son bas.

"Très stratégique, mon Diablotin ! Eh bien ?"

"C'était terriblement drôle", dit-il avec un sourire rêveur. "Quand elle est allée l'enfiler, elle a poussé un petit cri aigu comme le fait Dorothy quand je la pince un peu - et puis elle les a jetés tous les deux, parce qu'elle avait peur qu'il y ait des grenouilles dans les deux. Puis elle J'ai mis ses chaussures sans aucun bas, alors je les ai cachées. »

"Où?" J'ai pleuré avec impatience.

« Régie ! » » appela une voix à quelque distance — une voix que je reconnus avec frisson. « Régie ! »

"Imp, tu veux une demi-couronne ?"

"Bien sûr que je le ferais, mais vous pourriez me nettoyer le dos, s'il vous plaît", et il commença à se frotter fébrilement avec sa casquette, à la manière d'une brosse à récurer.

« Écoute, » dis-je en sortant la pièce, « dis-moi où tu les as cachés — vite — et je te donnerai ça. Le diablotin tendit la main, mais ce faisant, les buissons s'écartèrent et Lisbeth se tint devant nous. Elle poussa un petit cri de surprise à ma vue, puis fronça les sourcils.

"Toi?" s'exclama-t-elle.

"Oui," répondis-je en levant ma casquette. Et là je m'arrêtai, essayant frénétiquement de me souvenir du discours que j'avais si soigneusement préparé, de la salutation qui devait expliquer ma conduite et désarmer son ressentiment dès le début. Mais si je me creusais la tête, je ne pensais à rien d'autre qu'au reproche dans ses yeux — sa bouche et son menton dédaigneux — et à cette phrase obsédante :

"'Je suppose que je suis devenu l'objet de votre mépris le plus amer maintenant ?'" me suis-je retrouvé à dire.

"Ma tante m'a informé de... de tout, et naturellement..."

"Laissez-moi vous expliquer", ai-je commencé.

"En réalité, ce n'est pas du tout nécessaire."

"Mais, Lisbeth, je dois... j'insiste..."

« Reginald, » dit-elle en se tournant vers le diablotin, qui était toujours occupé avec sa casquette, « c'est presque l'heure du thé, et… pourquoi, qu'est-ce que tu t'es fait ?

« Depuis une demi-heure, intervins-je, nous échangeons nos avis sur le sexe.

"Je parle de vers", a ajouté le diablotin. "Cet homme aime aussi les vers, tante Lisbeth, je l'aime bien."

"Merci", dis-je; "mais permettez-moi de vous prier d'abandonner votre mode d'adresse très distant, appelez-moi oncle Dick."

"Mais tu n'es pas mon oncle Dick, tu sais," rétorqua-t-il.

« Pas encore, peut-être ; mais on ne sait pas ce qui pourrait arriver un jour si votre tante nous juge dignes – alors prends ton temps par toupet, mon diablotin, et appelle-moi oncle Dick.

Quoi que Lisbeth ait pu ou non dire, il fut stoppé par un bruit de pas, et une petite fille apparut, avec un petit chaton moelleux blotti dans ses bras.

"Oh, tante Lisbeth", commença-t-elle, mais elle s'arrêta pour me regarder par-dessus le dos du chaton moelleux.

"Bonjour, Dorothée !" s'écria le diablotin ; "Voici oncle Dick. Vous pouvez venir lui serrer la main si vous le souhaitez."

"Je ne savais pas que j'avais un oncle Dick", dit Dorothy en hésitant.

"Oh, oui, tout va bien", répondit le diablotin d'un ton rassurant. "Je l'ai trouvé, tu sais, et il aime aussi les vers !"

"Comment vas-tu, oncle Dick?" » dit-elle d'une manière désuète et démodée. "Reginald trouve toujours des choses, tu sais, et il aime aussi les vers !" Dorothy m'a tendu la main avec modestie.

De quelque part à proximité, retentit le carillon argenté d'une cloche.

"Eh bien, voilà la cloche à thé !" s'écria Lisbeth ; "Et, Reginald, vous devez changer ces vêtements boueux. Dites au revoir à M. Brent, les enfants, et venez."

"Imp," murmurai-je alors que les autres se détournaient, "où as-tu caché ces bas ?" Et j'ai glissé la demi-couronne dans sa paume prête.

"Le long de la rivière, il y a un arbre - très gros et terriblement gras, vous savez, avec beaucoup de branches collantes et un trou dans le ventre - ils sont là-dedans."

"Réginald !" appelée Lisbeth.

"En amont ou en aval ?"

« Par là », répondit-il en désignant vaguement l'aval ; et avec un signe de tête qui lui fit couvrir les yeux de boucles jaunes, il s'enfuit.

« Le long de la rivière, répétai-je, dans un gros et gros arbre avec beaucoup de branches collantes ! Cela semblait un peu indéfini, pensai-je – mais je ne pouvais quand même qu'essayer. Ayant donc emballé ma canne, je me mis à la recherche.

C'était peut-être étrange, mais presque tous les arbres que j'ai vus semblaient être « gros » ou « gros » – et tous avaient des branches « collantes ».

Ainsi le soleil était déjà bas à l'ouest, et j'allumais ma cinquième pipe lorsque j'observais enfin l'arbre en question.

C'était un grand chêne têtard, dressé au bord même du ruisseau, facilement reconnaissable par sa taille inhabituelle et le fait qu'à un moment ou à un autre il avait été déchiré par la foudre. Après tout, la description du Diablotin était dans l'ensemble correcte ; c'était « gros », immensément gros : et je me précipitais joyeusement en avant.

J'étais encore loin quand j'aperçus au loin le battement d'une jupe blanche, et... oui, bien sûr, il y avait Lisbeth, qui marchait vite aussi, et elle était beaucoup plus près de l'arbre que moi.

Poussé par une soudaine conviction, j'ai laissé tomber ma canne et j'ai commencé à courir. Immédiatement, Lisbeth se mit à courir à son tour. J'ai jeté mon cantre et j'ai sprinté de toutes mes forces. J'avais acquis une certaine renommée dans ce genre de choses pendant mes années universitaires, mais je suis arrivé à l'arbre avec seulement très peu de mètres à parcourir. Me jetant à genoux, je commençai une recherche fébrile, et bientôt – plus par chance qu'autre chose – mes doigts au hasard rencontrèrent un paquet doux et soyeux. Quand Lisbeth est arrivée, toute rouge et haletante, je les ai tenus dans mes mains.

"Donne les moi!" elle a pleuré.

"Je suis désolé-"

"S'il te plaît," supplia-t-elle.

"Je suis vraiment désolé-"

"M. Brent." dit Lisbeth en se redressant , je vais te déranger pour mes... eux.

"Pardonnez-moi, Lisbeth," répondis-je, "mais si je me souviens de quelque chose de la loi du "trésor", l'un d'eux devrait aller à la Couronne, et l'autre m'appartient."

Lisbeth se mit en colère – l'un de ses rares défauts.

« Vous les abandonnerez immédiatement, immédiatement ?

"Au contraire," dis-je très doucement, "vu que la Couronne ne peut en avoir aucun besoin, je les garderai tous les deux pour rêver quand les nuits seront longues et solitaires."

Lisbeth m'a en fait tapé du pied et je les ai mis dans ma poche.

"Comment saviez-vous qu'ils... qu'ils étaient ici ?" » elle a demandé après une pause.

"J'ai été dirigé vers un arbre avec des branches 'collantes'", ai-je répondu.

"Oh, ce diablotin !" s'exclama-t-elle en tapant à nouveau du pied.

"Sais-tu que je suis déjà très attaché à mon neveu ?" J'ai dit.

— Ce n'est pas votre neveu, s'écria Lisbeth avec véhémence.

" Pas légalement, peut-être ; c'est là que tu pourrais nous être d'une telle aide, Lisbeth. Un garçon qui n'a qu'une tante ici et là est déséquilibré, pour ainsi dire ; il a besoin de l'influence plus forte d'un oncle. Non, " continuai-je précipitamment. , "que je déprécierais les tantes — d'ailleurs, il n'en a qu'une, je crois ?" Lisbeth hocha froidement la tête.

"Bien sûr," j'acquiesçai ; "et j'ai eu beaucoup de chance dans celui-là, extrêmement chanceux. Il y a des années, quand j'étais petit, j'en avais trois, et tous étaient vierges, pour ainsi dire. Je veux dire, aucun d'eux ne m'a jamais lu un extrait du livre d'histoire. , ou m'a aidé à naviguer sur des bateaux, ou à pagayer et à perdre leur... Non, le mien me faisait des leçons sur mes cheveux et mes ongles, je m'en souviens, et me regardait par-dessus la grande urne à thé jusqu'à ce que je m'étouffe dans ma tasse de thé. Une enfance vraiment désolée. le mien, je n'avais pas d'oncle aux gros poings pour me frapper de manière persuasive quand j'en avais besoin ; si la fortune m'en avait donné un, j'aurais pu être un homme très différent, Lisbeth. Vous voyez en moi un horrible exemple de ce que peut devenir quelqu'un dont l'enfance a été. dénué d'oncles."

"Si vous voulez bien être très obligeant de me restituer mes—mes biens."

« Ma chère Lisbeth, soupirai-je, soyez raisonnable ; supposons que nous parlions d'autre chose ; et j'essayai, quoique en vain, d'attirer son attention sur les splendeurs du coucher de soleil.

Un arbre tombé gisait à proximité , sur lequel Lisbeth s'assit avec un certain jeu déterminé de son petit menton rond que je connaissais bien.

"Et combien de temps comptez-vous me garder ici ?" » demanda-t-elle d'un ton résigné.

"Toujours, si je pouvais."

"Vraiment?" dit-elle, et des volumes entiers ne pourraient jamais décrire tout le mépris qu'elle parvenait à mettre dans ce seul mot. "Vous voyez," continua-t-elle, "après ce que tante Agatha m'a écrit et m'a dit…"

"Lisbeth," interrompis-je, "si seulement tu veux…"

"J'ai naturellement supposé—"

« Si seulement vous me laissiez vous expliquer… »

« Que tu respecterais la promesse que tu lui as faite et que tu attendrais… »

"Jusqu'à ce que tu connaisses ton propre cœur", ai-je ajouté. "La question est, combien de temps cela te prendra-t-il ? Probablement, si tu me permettais de t'apprendre..."

"Votre présence ici maintenant vous donne l'impression d'être horriblement trompeuse !"

"Sans aucun doute," j'acquiesçai ; "mais vous voyez, quand j'ai été assez stupide pour faire cette promesse, votre très excellente tante n'a fait aucune référence à ses intentions concernant un certain M. Selwyn."

"Oh!" s'écria Lisbeth. Et sentant que j'avais raison, j'ai continué avec une ardeur redoublée :

« Elle m'a fait comprendre qu'elle souhaitait simplement que vous ayez le temps de connaître votre propre cœur en la matière. Maintenant, comme je l'ai déjà dit, combien de temps vous faudra-t-il pour le découvrir, Lisbeth ?

Elle était assise, le menton dans la main, regardant droit devant elle, et ses sourcils noirs étaient toujours froncés. Mais j'ai observé sa bouche, juste à l'endroit où la lèvre inférieure écarlate s'est courbée pour rencontrer son homologue.

La bouche de Lisbeth est peut-être un peu large, et plutôt pleine, et quelque part dans un coin (je ne peux jamais être sûr de son emplacement exact, car son aspect est en général très fulgurant), mais quelque part il y a un fossette. Or, s'il y a jamais eu un traître flagrant dans ce monde, c'est bien cette fossette ; car que son expression soit toujours aussi naïve, que ses yeux mélancoliques se lèvent avec un regard de larmes dans leurs profondeurs bleues, malgré elle cette fossette prendra vie et détruira tout en un instant. C'était ainsi maintenant, alors même que je le regardais trembler autour de ses lèvres, et se sentant trahie, le froncement de sourcils disparut complètement et elle sourit. "Et maintenant, Dick, suppose que tu me donnes mon-mon-"

"Sous condition", dis-je en m'asseyant à côté d'elle.

Le soleil s'était couché, et de quelque part parmi les ombres violettes du bois nous parvenaient les notes riches et profondes d'un merle, avec des pauses de temps en temps, remplies du bruissement des feuilles et du mugissement lointain des vaches.

"Non loin du village de Down dans le Kent", commençai-je rêveusement, "il y a une vieille maison avec des toits pittoresques à hauts pignons et des cheminées Tudor tordues ! Il y a de nombreuses années, c'était la maison de belles dames et de braves messieurs, mais son la gloire est passée depuis longtemps. Et pourtant, Lisbeth, quand j'y pense à une heure comme celle-ci, et avec toi à mes côtés, je commence à me demander si nous ne pourrions pas arriver entre nous à ramener l'ancien ordre des choses.

Lisbeth se taisait.

"Il y a une magnifique roseraie à l'ancienne et tu aimes les roses, Lisbeth."

"Oui," murmura-t-elle; "J'aime beaucoup les roses."

"Ils seraient en pleine floraison maintenant", suggérai-je.

Il y eut une autre pause, pendant laquelle le merle exécuta trois ou quatre airs difficiles avec une facilité et une précision étonnantes.

"Tante Agatha aime aussi les roses !" dit enfin Lisbeth très gravement. "Pauvre, chère tante, je me demande ce qu'elle dirait si elle pouvait nous voir maintenant ?"

"Il vaut mieux laisser de telles choses à l'imagination", répondis-je.

"Je devrais lui écrire et lui dire", murmura Lisbeth.

"Mais tu ne feras pas ça, bien sûr ?"

"Non, je ne ferai pas ça si—"

"Bien?"

"Si vous me les donnez... eux."

"Un", ai-je hésité.

"Les deux!"

« À une condition donc… juste une fois, Lisbeth ?

Ses lèvres étaient très proches, ses cils tombaient et, un instant délicieux, elle hésita. Puis j'ai senti un petit tiraillement sur la poche de mon manteau et, se levant d'un bond, elle s'en allait avec "eux" serrés dans sa main.

"Tromperie!" J'ai pleuré et je me suis lancé à ma poursuite.

Il y a un chemin à travers les bois menant au Shrubbery de Pane Court. Elle s'enfuit et son rire me parvint au gré du vent. J'étais tout près d'elle lorsqu'elle atteignit la porte et, me précipitant à travers, me retournai, rouge mais triomphante.

"J'ai gagné!" » se moqua-t-elle en hochant la tête.

"Qui peut supporter la duplicité d'une femme ?" J'ai rétorqué ! "Mais, Lisbeth, tu m'en donneras un, juste un ?"

"Cela gâterait le couple."

"Oh, très bien," soupirai-je, "bonne nuit, Lisbeth", et soulevant ma casquette, je me détournai.

Il y eut un éclat de rire derrière moi, quelque chose me frappa doucement sur la joue, et me baissant, je ramassai ce qui était à moitié déroulé à mes pieds, mais quand je regardai autour de moi, Lisbeth avait disparu.

Alors, je les ai mis dans ma poche et j'ai marché lentement le long du sentier de la rivière vers l'abri hospitalier des Trois Jolly Anglers.

II
LE SHÉRIF DE NOTTINGHAM

S'asseoir au bord d'une rivière par un après-midi doré, écouter sa mélodie murmurée, tandis que l'air autour de soi est parfumé par l'été et lourd du bourdonnement d'ailes invisibles ! — Quel mortel ordinaire pourrait souhaiter plus ? Et pourtant, bien que conscient de ce beau monde qui m'entourait, j'étais toujours insatisfait , car mon monde était incomplet – voire, manquait de son charme le plus essentiel, et j'étais assis les oreilles sur le tronçon, attendant le pas fortuit de Lisbeth sur le chemin et le doux murmure de ses jupes.

Les Français sont en effet un grand peuple, car, entre autres choses, eux seuls ont capté ce son magique que font les vêtements d'une femme lorsqu'elle marche, et l'ont donné au monde dans le seul mot « frou-frou ».

Ô mot merveilleux ! Ô mot sublime ! Comme tu es plein de suggestions délicates ! En vérité, il ne peut y avoir de son plus doux pour les oreilles masculines lors d'un après-midi d'été doré – ou à tout autre moment, d'ailleurs – que le doux « frou-frou » qui lui dit qu'ELLE arrive.

À ce stade, mes pensées furent interrompues par quelque chose qui se précipita dans les airs et éclaboussa l'eau à mes pieds. En jetant un coup d'œil à cet objet, j'ai reconnu la casquette de cricket aux tons bruyants affectée par le diablotin, et en l'attrapant, je l'ai repêché au bout de ma canne. C'était une chose hideuse, rouge, blanche, bleue et verte – une affaire vraiment horrible, et par conséquent très prisée par son propriétaire, comme je le savais.

Derrière moi, la berge s'élevait d'environ quatre ou cinq pieds, couronnée de saules et de broussailles, de l'autre côté de laquelle venait maintenant un bruissement et un halètement prodigieux. Je me levai donc, écartai les feuilles avec un soin extrême et vis le diablotin lui-même.

Il était armé jusqu'aux dents, c'est-à-dire qu'une épée de bois lui passait à la cuisse, un clairon de fer blanc pendait à sa ceinture, et il portait un arc et des flèches. En face de lui se trouvait un autre garçon, particulièrement en lambeaux au niveau des genoux et des coudes, qui se tenait debout, les mains enfoncées dans ses poches et souriait.

« Base caitiff, attendez ! s'écria le diablotin en ajustant une flèche à la corde : "lève-toi et délivre ! Donne-moi ma casquette, varlet, toi !" Le sourire du garçon s'agrandit.

« Donnez-moi ma casquette, esclave ignoble, ou je vous tue – par ma foi ! » Pendant qu'il parlait, le diablotin pointa sa flèche, sur quoi le garçon s'esquiva aussitôt.

"Je n'ai pas ta casquette ," sourit-il depuis l'abri de son bras. "Il est parti et s'est jeté dans la rivière !" Le Diablotin décocha sa flèche, à laquelle répondit un cri du Varlet de la Base.

"Ouais!" » cria-t-il avec dérision tandis que le diablotin dégainait son épée avec un éclat mélodramatique . "Ouais ! pose ce bâton et je vais te combattre ."

Le diablotin a répudié avec indignation que sa fidèle arme soit appelée « un bâton » – « et je ne pense pas », poursuivit-il, « que Robin des Bois ait jamais combattu sans son épée. Voyons ce que dit le livre », et il a dessiné un sorti de sa poche un volume couvert de papier très froissé, qu'il consultait les sourcils froncés, tandis que le Base Varlet l'observait, bouche bée.

"Oh, oui," acquiesça le diablotin ; "Tout va bien. Écoute ça!" et il lut ce qui suit d'une voix sévère et grave :

"'Puis Robin jeta sa fidèle lame, et' mettant à nu son bras noué, s'approcha de l'ignoble voyou avec de nombreuses plaisanteries et plaisanteries joyeuses, se préparant à la féroce poigne de la mort.'"

Sur ce, le diablotin déposa son livre et ses armes et commença à retrousser sa manche, ce qui, à sa satisfaction, se tourna vers la base Varlet.

"Ayez-vous, ignoble voyou!" » s'écria-t-il, et alors s'ensuivit une bataille féroce et qui tomba.

Si son adversaire l'avait en taille, le diablotin le compensait en poids - c'est un diablotin particulièrement solide - et ainsi la lutte dura environ cinq minutes sans aucun avantage appréciable pour l'un ou l'autre, lorsque, en évitant l'un des élans désespérés de l'ennemi , le diablotin trébucha, perdit l'équilibre, et l'instant d'après je l'avais attrapé dans mes bras. Pendant un certain temps, « l'ennemi » resta haletant sur la berge au-dessus, puis, avec un autre cri, se retourna et s'élança parmi les buissons.

"Bonjour, Diablotin !" J'ai dit.

"Bonjour, oncle Dick !" il est retourné.

"Blesser?" J'ai demandé.

"Blessé un peu au nez, vous savez", répondit-il en essuyant cet organe avec son mouchoir; "mais tu m'as vu frapper ton varlet dans l'oeil ?"

"Vraiment, Diablotin ?"

"Je le pense, oncle Dick ; seulement j'aurais aimé le faire se rendre. Le livre dit que Robin des Bois faisait toujours "se rendre" ses ennemis et qu'ils imploraient leur vie à genoux tremblants ! » Oh, ça doit être agréable de voir ses ennemis à genoux ! »

"Surtout s'ils tremblent", ai-je ajouté.

" Pensez -vous que ce garçon, je veux dire, ce 'vil valet', se serait rendu ?"

"Cela ne fait aucun doute, s'il ne vous avait pas d'abord poussé par-dessus la banque."

"Oh!" » murmura le diablotin d'un ton plutôt dubitatif.

"Au fait," dis-je en remplissant ma pipe, "où est ta tante Lisbeth ?"

"Eh bien, je l'ai poursuivie jusqu'au grand pommier avec mon arc et mes flèches."

"Bien sûr," j'acquiesçai. "Très juste et convenable !"

"Vous voyez," expliqua-t-il, "je voulais qu'elle soit un éléphant sauvage et elle ne le ferait pas."

"Extrêmement désobligeant de sa part !"

"Oui, n'est-ce pas ? Alors, quand elle s'est levée, j'ai enlevé l'échelle et je l'ai cachée."

"Très stratégique, mon Diablotin."

"Alors je me suis transformé en Robin des Bois. J'ai accroché ma casquette à un buisson pour tirer, vous savez, et le "Base Varlet" est arrivé et s'est enfui avec."

"Et le voilà", dis-je en désignant l'endroit où il se trouvait. Le diablotin le reçut avec de profusions de remerciements, et après avoir essoré l'eau, il l'en plaqua sur ses boucles et s'assit à côté de moi.

"J'ai trouvé un autre homme qui veut être mon oncle", a-t-il commencé.

"Oh, vraiment ?"

"Oui, mais je n'en veux plus, tu sais."

"Bien sûr que non. Un homme comme moi suffit à vos besoins quotidiens, hein, mon diablotin ?"

Le diablotin hocha la tête. "C'était hier", a-t-il poursuivi. "Il est venu voir tante Lisbeth, et je les ai trouvés dans la maison d'été dans le verger. Et je l'ai entendu dire : "Miss Elizbeth , vous êtes plus jolie que jamais !"

"Est-ce qu'il l'a vraiment confondu ! "

"Oui, et puis tante Lisbeth avait l'air idiote, et puis il m'a vu derrière un arbre et" il avait l'air idiot aussi, puis il a dit : " Viens ici, petit homme ! " Et j'y suis allé, vous savez, même si je déteste être appelé « petit homme ». Puis il a dit qu'il me donnerait un shilling si je l'appelais oncle Frank.

"Et qu'as-tu répondu ?"

"' Je crains d'être vraiment méchant," soupira le diablotin en secouant la tête, " parce que je lui ai dit un gros mensonge."

"Vraiment, Diablotin ?"

"Oui. J'ai dit que je ne voulais pas de son shilling, et je le veux, vous savez, le plus terrible, pour acheter un pistolet à ressort."

"Oh, eh bien, nous verrons ce qui peut être fait avec le pistolet à ressort", répondis-je. "Et donc tu ne l'aimes pas, hein ?"

"Je ne devrais pas y penser", répondit promptement le diablotin. « Il est toujours tellement… tellement propre , et il porte une petite moustache avec de minuscules pointes pointues.

" Quiconque fait cela mérite tout ce qu'il obtient", dis-je en secouant la tête. "Et quel est son nom ?"

"L' honorable Frank Selwyn, et il habite à Selwyn Park, la maison voisine de la nôtre."

"Oh!" M'écriai-je et sifflai.

"Oncle Dick," dit le diablotin, interrompant une pensée quelque peu désagréable évoquée par cette nouvelle, "veux-tu venir et être" Petit-Jean sous le joyeux arbre vert ?

"Pourquoi que sais-tu du 'joyeux bois vert', Diablotin ?"

"Oh beaucoup !" » répondit-il en sortant précipitamment le livre en lambeaux. "Tout cela concerne Robin des Bois et Petit-John. Ben, le garçon du jardinier, me l'a prêté. Robin des Bois était un bon gars et Petit-John aussi et ils avaient l'habitude de tendre des embuscades et de capturer le shérif de Nottingham et toutes sortes de barons caddish, et les attachent aux arbres.

« Mon diablotin, dis-je en secouant la tête, les temps ont malheureusement changé. On ne peut pas attacher des barons – caddish ou autres – aux arbres en ces jours dégénérés.

"Non, je suppose que non", soupira tristement le diablotin; "mais j'aimerais que tu sois Petit-Jean, Oncle Dick."

" Oh, certainement, Lutin, si cela peut vous rendre plus heureux ; mais en vérité, audacieux Robin, " continuai-je à la manière des livres d'histoires, " Petit-Jean a envie de rester un moment et de communier avec lui-même ici ; pourtant, donne un seul coup de son de clairon et tu trouveras mon bras et mon bâton assez prêts et disposés, je te le garantis ! »

"Ça a l'air très bien, oncle Dick, seulement... vous n'avez pas de bâton, vous savez."

"Ouais, c'est ici !" J'ai répondu et j'ai détaché l'articulation inférieure de ma canne à pêche. Le diablotin se leva et, croisant les bras, m'examina comme Robin des Bois lui-même aurait pu le faire, c'est-à-dire avec un « œil de feu ».

« Ainsi soit-il, mon fidèle Petit-Jean, » dit -il ; " retrouvez-moi au Blasted Oak à minuit. Et si je crie à l'aide – je veux dire sonner dans mon clairon – vous viendrez me sauver, n'est-ce pas, oncle Dick ? "

"Oui, fais-moi confiance pour ça," répondis-je, sans méfiance.

« C'est bien ! » » acquiesça le diablotin ; et d'un geste de la main, il se tourna et remonta la berge et disparut. J'étais déjà au courant de l'existence de M. Selwyn, ayant été informé à ce sujet par la duchesse, comme je l'ai raconté dans le récit précédent. Or, un rival aérien — dans l'abstrait, pour ainsi dire — est une chose, mais un rival suffisamment intime pour se livrer à des compliments personnels, et surtout déjà approuvé et encouragé par les puissances. cela étant, en la personne de Lady Warburton – la formidable tante de Lisbeth – était une tout autre considération.

"Miss Elizabeth, vous êtes plus jolie que jamais !"

D'une manière ou d'une autre, l'expression était irritante. De quel droit lui avait-il raconté de telles choses ? — et dans un pavillon aussi ; — l'insupportable audace de cet individu !

Une pipe étant indispensable à l'occasion, j'ai sorti ma boîte d'allumettes, pour constater qu'elle ne contenait qu'une seule vesta .

L'après-midi avait été chaud et calme jusqu'alors, sans le moindre souffle de vent ; mais à peine m'étais-je préparé à allumer cette allumette que de quelque part – Dieu sait où – vint soudain un souffle de vent qui secoua les eaux vitreuses de la rivière et fit murmurer chaque feuille. En attendant ce que je considérais comme une occasion favorable , avec d'infinies précautions j'allumai une lumière. Il a vacillé d'une manière maladive pendant un moment entre mes paumes abritées, et a immédiatement expiré.

Ceci n'est qu'un exemple de cet « esprit du pervers » qui imprègne tout ce qui est banal, que nous, pauvres mortels, sommes appelés à supporter du mieux que nous pouvons. J'ai donc jeté de côté l'allumette carbonisée et, après avoir cherché en vain dans mes poches une autre, j'ai attendu avec philosophie l'arrivée d'un « bon Samaritain ». La berge dont j'ai parlé s'inclinait doucement sur ma gauche, offrant ainsi une vue ininterrompue sur le sentier.

Alors que mes yeux suivaient ce chemin sinueux, j'aperçus à une certaine distance un individu qui rampait sur ses mains et ses genoux, cherchant manifestement quelque chose. Sous mes yeux, il réussit à arracher un chapeau Panama de dessous un buisson, et après l'avoir soigneusement épousseté avec son mouchoir, il le remit sur sa tête et continua son avance.

Avec un léger espoir qu'il puisse y avoir une allumette perdue cachée dans un coin de mes poches, je les parcourus à nouveau avec plus d'attention, mais hélas ! sans meilleur succès ; sur quoi j'y renonçai et me tournai pour jeter un coup d'œil vers la silhouette qui approchait. On peut imaginer mon étonnement lorsque je le vis exactement dans la même attitude qu'auparavant, c'est-à-dire à quatre pattes.

J'étais encore perplexe quant à ce phénomène lorsqu'il ratissa de nouveau le Panama au bout de la cravache qu'il portait, l'épousseta comme auparavant, regardant autour de lui d'un air ahuri, et le plaçant fermement sur sa tête, descendit le chemin. C'était un grand jeune homme, scrupuleusement soigné et bien soigné, depuis le cirage de ses bottes d'équitation brunes jusqu'à sa petite moustache élégante, qui était séparée avec un soin élaboré et tordue en deux pointes fines. Il y avait dans toute sa personne un air indéfinissable de satisfaction complaisante, mais il portait sa personnalité dans sa moustache, pour ainsi dire, qui, bien que petite, comme je l'ai dit, et précise à un cheveu, s'imposait pourtant à chacun en un instant. manière vaguement désagréable. En remarquant tout cela, j'ai pensé que je pourrais très bien deviner son identité si besoin était.

Tout à coup, tandis que je le regardais — comme un oiseau sortir de son nid — la dévouée Panama s'est élevée dans les airs, s'est retournée une ou deux fois et a voleté (j'utilise le mot au sens figuré) dans un buisson de ronces. Un langage grossier était écrit dans chaque ligne de son corps alors qu'il regardait autour de lui, la cravache frémissant dans sa main.

C'est à ce moment précis que son regard m'a rencontré, et s'arrêtant seulement pour récupérer son malheureux couvre-chef, il s'est dirigé vers l'endroit où j'étais assis. « Savez-vous quelque chose à ce sujet ? » s'enquit-il d'une manière quelque peu agressive, en brandissant un morceau de fil noir.

"Un morceau de fil de paquet ordinaire", répondis-je en affectant de l'examiner d'un œil critique.

"Savez-vous quoi que ce soit à ce sujet?" répéta-t-il, visiblement de très mauvaise humeur.

"Monsieur," répondis-je, "je ne le fais pas."

"Parce que si je pensais que tu l'avais fait—"

"Monsieur." Je l'interrompis : "Vous m'excuserez, mais cela semble être un chapeau très remarquable de votre part.

"Je répète si je pensais que tu l'avais fait—"

"Bien sûr", continuai-je, "chacun à son goût, mais personnellement, je préfère celui qui a moins de qualités de "gymnastique" et plus de "restez à la maison".

La récolte de chasse était menaçante.

« M. Selwyn ? » Ai-je demandé sur un ton conversationnel.

La cravache hésita et fut abaissée.

"Eh bien, monsieur ?"

« Ah, c'est ce que je pensais, » dis-je en m'inclinant ; "Permettez-moi d'empiéter sur votre générosité dans la mesure d'un match, ou, disons, d'un couple."

M. Selwyn est resté à me regarder pendant un moment, et j'ai vu les pointes de sa moustache se friser d'indignation. Puis, sans daigner répondre, il tourna les talons et s'éloigna à grands pas. Il n'avait pourtant pas fait plus de trente ou quarante pas, quand je l'entendis s'arrêter et jurer sauvagement — je n'avais pas besoin de chercher pour en connaître la raison — j'avoue que j'ai ri. Mais ma joie fut de courte durée, car un instant plus tard vint le faible grincement d'un klaxon suivi d'un cri et la voix du diablotin s'éleva dans une terrible détresse.

"Petit-Jean ! Petit-Jean ! à la rescousse !" ça a appelé.

J'ai hésité, car j'avouerai librement que lorsque j'avais fait cette promesse au diablotin, c'était avec peu d'espoir que je serais appelé à la tenir. Pourtant, une promesse est une promesse : alors j'ai soupiré et, prenant le joint de ma canne à pêche, j'ai escaladé la berge. En jetant un coup d'œil dans la direction des cris, j'aperçus Robin des Bois se débattant sous l'emprise indignée de l'ennemi.

Or, comme je pouvais le constater, il n'y avait que deux méthodes de procédure qui s'offraient à moi : la sérieuse ou la franchement grotesque. Naturellement, j'ai choisi cette dernière, et, bâton sur l'épaule, je me suis pavané dans l'allée d'un air que Petit-Jean lui-même aurait pu envier.

" Engueule- moi !" M'écriai-je en faisant face à M. Selwyn étonné, "qui ose mettre la main sur l'audacieux Robin des Bois ? - va-t'en, vil voyou, va- t'en d'ici ou je vais te chercher un coup dur sur ton pâté !"

M. Selwyn a lâché le diablotin et m'a regardé avec un étonnement muet, comme il le pouvait.

« Écoutez, maître, » continuai-je en entrant dans l'esprit de la chose, « aucun homme ne met la main sur Robin des Bois pendant que Petit-Jean peut faire tournoyer un bâton ou tirer une corde d'arc – non, par St. Cuthbert !

Le diablotin, retiré à une distance sûre, écoutait dans un transport jusqu'à ce que, se souvenant de son rôle, il repêcha le livre en lambeaux et commença subrepticement à feuilleter les pages ; quant à M. Selwyn, il se contenta de fouiller sa moustache et de regarder fixement.

"Oui, mais je te connais ," continuai-je, "par ton regard sournois et rusé, par ta cape festonnée et ta chaîne de fonction, je te connais pour ce même shérif de Nottingham qui a juré de notre perte. Allez ! As -tu pensé à emmener Robin... dans le bois vert ? Sur toi ! Tes années auraient dû t'apprendre une meilleure sagesse !

"Maintenant, je vais nourrir" - commença le diablotin, avec le livre soigneusement tenu derrière lui, "maintenant je vais nourrir ma grosse vengeance - à genoux pour un coquin scorbut!"

"Oui, par saint Benoît !" J'acquiesçai : « Il serait bon qu'il fasse pénitence sur ses os à moelle jusqu'à Nottingham Town ; mais comme tu es fort, sois miséricordieux, Robin.

M. Selwyn retroussait toujours la pointe de sa moustache.

"Es-tu fou," demanda-t-il, "ou seulement ivre ?"

"Quant à cela, bon maître shérif, cela ne vous regarde pas, mais remarquez-vous ! C'est une mauvaise chose de s'aventurer dans les bois verts pendant que Robin des Bois et Petit-Jean sont à l'étranger."

M. Selwyn haussa les épaules et se tourna vers le diablotin.

" Je suis en route pour voir votre tante Elizabeth, et j'aurai un soin particulier à l'informer de votre conduite et à veiller à ce que vous soyez convenablement puni. Quant à vous, monsieur, " continua-t-il en s'adressant à moi, " je informera la police qu'il y a un fou en liberté.

Devant cette double menace, le diablotin fut visiblement très consterné et, s'approchant de moi, il glissa sa main dans la mienne et je la mis aussitôt dans ma poche.

« Doux maître shérif », dis-je en enlevant ma casquette à la manière d'un véritable hors-la-loi, « le chemin est long et quelque peu solitaire ; joyeux bâton ou alors. "

Voyant la réplique colérique sur les lèvres de M. Selwyn, je me suis lancé, incontinent, dans la chansonnette suivante, les mots improvisés sur l'air de « Bonnie Dundee » :

Il y avait un shérif dans le Nottinghamshire ,
avec un salut Derry Down et un Down ;
Il aimait le bon bœuf, mais il préférait la bière, avec un hey derry down et
un down

Au moment où nous atteignîmes la porte de Shrubbery, le diablotin était en
extase et M. Selwyn une fois de plus réduit à l'indignation et à l'étonnement
sans voix. Ici, nos chemins ont divergé, M. Selwyn se tournant vers la maison,
tandis que le diablotin et moi nous dirigions vers le verger à l'arrière.

« Oncle Dick, » dit-il en s'arrêtant brusquement, « pensez-vous qu'il le dira…
vraiment ?

"Mon cher diablotin, répondis-je, un homme qui porte des pointes sur sa
moustache est capable de tout."

"Alors je serai envoyé au lit pour ça, je sais que je le ferai!"

« Tomber sur un fil noué en travers du chemin a dû être très ennuyeux », dis-
je en secouant la tête pensivement, « surtout avec un chapeau tout neuf !

"Ce n'étaient que des 'embuscades', vous savez, oncle Dick."

"Bien sûr," j'acquiesçai. "Maintenant, remarque, mon diablotin, voici un
shilling ; va acheter ce pistolet à ressort dont tu parlais, et prends ton temps
; je verrai ce qu'on peut faire en attendant."

Le Diablotin en fut réduit à des remerciements incohérents.

"C'est d'accord." J'ai dit : " mais tu ferais mieux de te dépêcher. "

Il obéit avec empressement, disparaissant en direction du village, tandis que
je me dirigeais vers le verger pour retrouver Lisbeth. Et bientôt, bien sûr, je
l'ai trouvée, c'est-à-dire une partie d'elle, car le feuillage de cet arbre en
particulier était très épais et je ne pouvais voir d'elle qu'un pied.

C'était aussi un pied positivement délicieux, petit et bien fait, qui se balançait
audacieusement d'avant en arrière ; un pied dans une petite chaussure en cuir
verni ridiculement déplacée, avec une cheville fine et soyeuse au-dessus.

Je m'approchai doucement, avec mon âme dans les yeux, pour ainsi dire, et
pourtant, malgré ma prudence, elle sembla prendre conscience de ma
présence d'une manière ou d'une autre - le pied hésita dans son mouvement
et disparut alors que les feuilles s'écartaient et que Lisbeth m'a regardé.

"Oh c'est toi?" » dit-elle, et je crus qu'elle semblait très contente. "Vous
trouverez un escabeau quelque part... ça ne doit pas être très loin."

"Merci", répondis-je, "mais je n'en veux pas."

"Non, mais je le fais, je veux descendre. Ce misérable petit diablotin a caché l'échelle, et j'ai été ici tout l'après-midi", gémit-elle.

"Mais ensuite tu as refusé d'être un éléphant, tu sais," lui rappelai-je.

"Il ira se coucher pour ça... juste après le thé !" dit-elle.

"Lisbeth," répondis-je, "je crois fermement que ta nature est tout à fait trop douce et indulgente..."

"Je veux descendre !"

"Certainement", dis-je; "mets ton pied gauche dans ma main droite, tiens fermement la branche au-dessus et laisse-toi doucement tomber dans mes bras."

"Oh!" s'exclama-t-elle soudain, "voici M. Selwyn qui arrive", et suivant son regard, j'ai vu un Panama lointain s'approcher.

« Lisbeth, lui dis-je, as-tu hâte de le voir ?

"Dans cette situation ridicule, bien sûr que non !"

"Très bien alors, cache-toi... reste assis là et laisse-moi faire et..."

"Chut", murmura-t-elle, et à ce moment Selwyn apparut bien en vue. En m'apercevant, il s'arrêta avec une surprise évidente.

"On m'a dit que je devrais trouver Miss Elizabeth ici", dit-il avec raideur.

"Il semblerait presque que vous ayez été mal informé", répondis-je. Pendant un instant, il parut indécis sur ce qu'il devait faire. S'en irait-il ? Je me demandais. Evidemment non, car après avoir jeté un coup d'œil autour de lui, il s'assit sur un siège rustique voisin avec un certain air résolu que je n'aimais pas. Je dois m'en débarrasser à tout prix.

"Monsieur," dis-je, "puis-je empiéter sur votre générosité dans la mesure d'un match ou disons d'un couple ?" Après une brève hésitation, il sortit une boîte d'allumettes en argent très soignée qu'il me tendit.

« Une belle journée, monsieur ? » Dis-je en tirant sur ma pipe.

M. Selwyn n'a fait aucune réponse.

"J'ai entendu dire que les récoltes semblent particulièrement saines cette année", ai-je poursuivi.

M. Selwyn semblait complètement perdu dans la contemplation d'un arbre adjacent.

"Pour moi, un vieux pommier est singulièrement pittoresque," repris-je, "de belles branches nobles , tu ne sais pas."

M. Selwyn a commencé à s'agiter.

— Et puis, poursuivis-je, on me dit que les pommes sont si bonnes pour le sang.

M. Selwyn déplaça son regard vers le bout de sa botte de cheval, et pendant un moment il y eut un silence, à tel point, en effet, qu'un lapin curieux s'approcha et s'assit pour nous observer avec beaucoup d'intérêt, jusqu'à ce que – se souvenant évidemment d'un message pressant. fiançailles - il a disparu avec un éclair de sa queue blanche.

« À propos de lapins, dis-je, ils sont, je crois, une véritable peste en Australie et sont exterminés par milliers ; je me suis souvent demandé si un syndicat ne pourrait pas être formé pour acquérir les peaux. Je sais, c'est original, mais vous êtes les bienvenus si... "

M. Selwyn se leva brusquement.

« Dans mon enfance, j'ai possédé un lapin – de la variété aux oreilles tombantes, » continuai-je, « qui s'est trop gonflé et est mort. Je me souviens que j'ai essayé de l'écorcher avec des résultats désastreux... »

"Monsieur." dit M. Selwyn. "Je vous informe que je ne m'intéresse pas aux lapins, aux oreilles tombantes ou autres, et que je n'ai pas l'intention de le devenir ; de plus..."

Mais à ce moment de mon triomphe, alors même qu'il se tournait pour partir, quelque chose de petit et de blanc flottait des branches au-dessus, et l'instant d'après, Selwyn s'était penché et avait ramassé un mouchoir en dentelle. Puis, pendant qu'il le regardait et que je le regardais, il y eut un éclat de rire et Lisbeth nous regarda à travers les feuilles.

"Mon mouchoir, merci", dit-elle, tandis que Selwyn se tenait quelque peu décontenancé par son apparition soudaine.

"Les arbres par ici portent certainement des fruits très remarquables, pour ne pas dire délicieux", dit-il.

"Et comme vous vous en souviendrez, j'ai toujours été particulièrement friand de pommiers", interpolai-je.

"M. Selwyn", sourit Lisbeth, "laissez-moi vous présenter M. Brent."

« Monsieur, » dis-je, « je suis ravi de faire votre connaissance ; j'ai entendu Sa Grâce de Chelsea parler de vous ; ses amis sont les miens, j'espère ?

L'arc de M. Selwyn était plutôt plus que lointain.

"J'ai déjà eu le plaisir de rencontrer ce monsieur très original auparavant, et dans des circonstances assez particulières, Miss Elizabeth", dit-il, et il se plongea aussitôt dans le récit de toute l'affaire des "embuscades", tandis que Lisbeth, perchée sur son trône élevé, nous observait avec un étonnement toujours croissant.

"Qu'est-ce que tout cela signifie ?" » s'enquit-elle alors que M. Selwyn terminait.

" Vous devez donc savoir, " expliquai-je en m'appuyant sur mon bâton, " le diablotin s'est mis en tête de devenir Robin des Bois ; j'étais Petit-Jean, et M. Selwyn ici présent a été si obligeant qu'il a mis en œuvre le rôle du shérif de Nottingham—"

"Je vous demande pardon", s'est exclamé M. Selwyn avec indignation, se tournant vers moi avec un œil enflammé.

« Tout le monde se souvient des exploits immortels de Robin et de ses « joyeux hommes », continuai-je, « et vous vous souviendrez bien sûr qu'ils avaient l'habitude de capturer le shérif et de l'attacher aux arbres et à d'autres choses. n'est pas allé jusqu'à cet extrême. Il s'est contenté de simplement capturer le chapeau du shérif - je pense que vous conviendrez que ces « embuscades » ont fonctionné à merveille, M. Selwyn ?

« Miss Elizabeth, » dit-il, dédaignant toute réponse, « je suis conscient de l' af … de l'affection que vous prodiguez à votre neveu ; j'espère que vous prendrez des mesures pour l'empêcher de telles farces – des farces très honteuses – à l'avenir. Je devrais moi-même suggérer un changement de compagnie [ici, il me regarda] comme la méthode la plus salutaire, Miss Elizabeth. En disant cela, M. Selwyn leva son chapeau, s'inclina devant moi avec raideur et, tournant les talons avec indignation, s'éloigna à grands pas.

"Bien!" s'écria Lisbeth avec un air d'inquiétude très réelle.

"Très bien, en effet !" J'ai hoché la tête; "nous sommes enfin seuls."

"Oh, Dick ! mais de l'avoir offensé ainsi !"

« Un jeune gentleman très estimable, dis-je, bien que déplorablement dépourvu de ce sens de l'humour salvateur qui… »

"Tante Agatha semble avoir une grande estime de lui."

"Alors je comprends," acquiesçai-je.

"Ce matin seulement, j'ai reçu une lettre d'elle, dans laquelle, entre autres choses, elle me faisait remarquer à quel point il serait un très bon partenaire."

"Et qu'en penses-tu?"

"Oh, je suis d'accord avec elle, bien sûr ; sa famille remonte à des siècles et des siècles avant le Conquérant, et il possède deux ou trois domaines en plus de Selwyn Park, et un en Écosse."

" Savez-vous, Lisbeth, que cela me rappelle une autre maison, pas du tout grande ni splendide, mais très ancienne ; une maison qui se dresse non loin du village de Down, dans le Kent ; une maison qui va se ruiner. faute de maîtresse. Parfois, à l'approche du soir, je pense qu'il doit rêver aux pieds légers et aux mains douces qu'il a connues il y a tant d'années, et qu'il ressent plus que jamais sa solitude.

"Pauvre vieille maison !" dit doucement Lisbeth.

"Oui, une maison est très humaine, Lisbeth, surtout une maison ancienne, et elle ressent le besoin de ces soins affectueux que seule une femme peut prodiguer, tout comme nous-mêmes."

"Chère vieille maison !" dit Lisbeth plus doucement qu'auparavant.

"Combien de temps faudra-t-il encore attendre ? Quand viendres-tu t'en occuper, Lisbeth ?"

Elle a commencé, et j'ai pensé que ses joues semblaient un peu plus roses que d'habitude alors que ses yeux rencontraient les miens.

"Dick," dit-elle avec nostalgie, "J'aimerais vraiment que tu aies l'échelle ; c'est horriblement inconfortable de s'asseoir dans un arbre pendant des heures et-"

"Tout d'abord, Lisbeth, tu pardonneras au Diablotin, pleinement et librement, n'est-ce pas ?"

"Il se couchera sans thé du tout."

"Ce sera une cruauté absolue, Lisbeth ; souviens-toi que c'est un garçon en pleine croissance."

"Et je suis resté perché ici, entre ciel et terre, tout l'après-midi."

"Alors pourquoi ne pas descendre ?" J'ai demandé.

"Si seulement tu obtenais l'échelle..."

"Si tu veux juste mettre ton pied droit dans mon—"

"Je ne le ferai pas!" dit Lisbeth.

"Comme tu veux", j'acquiesçai, et m'asseyant, sortis machinalement ma pipe et commençai à la remplir, tandis qu'elle ouvrait son livre en fronçant les sourcils. Et après avoir lu très attentivement pendant peut-être deux minutes, elle sortit et consulta sa montre. J'ai fait la même chose.

« Cinq heures moins le quart ! J'ai dit.

Lisbeth me regarda de l'air de quelqu'un qui réfléchit sur deux plans d'action, et quand enfin elle parla, toute trace d'irritation avait complètement disparu.

"Dick, j'ai terriblement faim."

"Moi aussi", ai-je hoché la tête.

"Ce serait bien de prendre le thé ici sous les arbres, n'est-ce pas ?"

"Ce serait franchement idyllique !" J'ai dit.

"Alors, s'il vous plaît, trouvez cette échelle—"

« Si vous promettez de pardonner au diablotin… »

"Certainement pas!" rétorqua-t-elle.

"Ainsi soit-il!" J'ai soupiré et me suis rassis. Ce faisant, elle m'a lancé son livre.

"Bête!" s'exclama-t-elle.

"Ce qui veut dire que tu es prêt à descendre ?" m'enquis-je en me levant et en déposant le volume maltraité à côté de ma pipe sur une table rustique voisine ; "très bien. Placez votre pied droit dans—"

"Oh, d'accord," dit-elle d'un ton assez mesquin, et l'instant d'après je l'avais dans mes bras.

"Dick ! dépose -moi immédiatement !"

"Un instant, Lisbeth ; ce garçon est un garçon en pleine croissance..."

"Et je me coucherai sans thé !" elle est entrée par effraction.

"Très bien, alors", dis-je, et lisant le but dans mes yeux, elle tenta, en vain, de détourner la tête.

"Tu trouveras inutile de lutter, Lisbeth", prévins-je. "Votre seule solution est de vous rappeler qu'il est un garçon en pleine croissance."

"Et tu es une brute !" elle a pleuré.

"Sans aucun doute", répondis-je en penchant la tête plus près de ses lèvres pétulantes.

"Mais pensez au diablotin au lit, allongé là, sans sommeil, sans thé , et qui grandit tout le temps aussi vite qu'il le peut."

Lisbeth se rendit, bien sûr, mais mon triomphe fut grandement tempéré par la déception.

"Vous lui pardonnerez alors les 'embuscades' et le chérirez avec beaucoup de thé ?" » Dis-je en écartant d'un clin d'œil une mèche de cheveux qui chatouillait de manière très provocante.

"Oui", dit Lisbeth.

"Et pas de lit avant l'heure habituelle ?"

"Non", répondit-elle, tout à fait contenue; "Et maintenant, s'il te plaît, rabaisse-moi." Alors j'ai soupiré et j'ai forcément obéi.

Elle resta un moment à mettre de l'ordre dans ses cheveux rebelles avec des doigts blancs et adroits, tout en me regardant avec un rire dans les yeux qui semblait presque un défi. J'ai fait un pas précipité vers elle, mais ce faisant, le diablotin est apparu et l'occasion a été perdue.

"Bonjour, tante Lisbeth !" s'exclama-t-il en la regardant avec étonnement ; puis son regard errait comme s'il cherchait quelque chose.

"Comment a-t-elle fait, oncle Dick ?" s'enquit-il.

"Faire quoi, mon Diablotin ?"

"Pourquoi, sors de l'arbre ?" J'ai souri et j'ai regardé Lisbeth.

"Est-ce qu'elle est descendue ?"

"Non", dis-je en secouant la tête.

"Est-ce qu'elle... a sauté ?"

"Non, elle n'a pas sauté, mon Diablotin."

"Eh bien, est-ce qu'elle... est-ce qu'elle s'est envolée ?"

"Non, ni descendre, elle vient juste de descendre."

"Oui, mais comment a-t-elle—"

« Reginald, dit Lisbeth, cours dire aux servantes d'apporter du thé ici pour trois personnes.

"Trois?" répéta le Diablotin. "Mais Dorothy est allée prendre le thé, tu sais... est-ce qu'oncle Dick va..."

"Bien sûr, Diablotin," acquiesçai-je.

"Oh, c'est bon, hourra, Petit-John !" » cria-t-il et il s'élança vers la maison.

"Et toi, Lisbeth ?" Dis-je en emprisonnant ses mains, "tu es content aussi ?"

Lisbeth ne parlait pas, mais j'étais néanmoins satisfait.

III
LES DESPERADOS

Fane Court est entouré d'arbres, avec une large étendue de pelouses vertes les plus vertes qui descendent jusqu'aux escaliers de la rivière.

Ce sont de vieux escaliers pittoresques, avec une rampe de marbre et des balustres sculptés, usés et en ruine, mais dont la décadence est à moitié cachée par le vert bienveillant des lichens et des mousses ; Des escaliers en effet où un oisif pouvait rêver par une chaude après-midi d'été – et c'était d'ailleurs un des lieux de prédilection de Lisbeth. C'est donc ici que j'avais amarré mon bateau et que je m'allongeais maintenant, la pipe à la bouche et un coussin sous la tête, dans cet état de bonheur entre le sommeil et l'éveil.

Maintenant, pendant que j'étais allongé, des couronnes bleues de ma pipe je me tissais de belles fantaisies :

Et voilà ! les escaliers n'étaient plus déserts ; il y avait de beaux messieurs, rapiécés et poudrés, en soie et en satin, avec des boucles de chaussures qui brillaient au soleil ; il y avait de délicates dames en jupons matelassés et en robes fleuries, avec des coiffures des plus merveilleuses ; et il y avait Lisbeth, plus belle et plus délicate qu'elles toutes, et là aussi j'étais. Et voyez avec quelle pudeur elle se courtoisait et souriait derrière son éventail d'ivoire ! Avec quelle grâce j'ai pris une pincée de tabac à priser ! De quel air je lorgnais et m'inclinais la main sur le cœur ! Puis, d'une manière ou d'une autre, il semblait que nous étions seuls, elle dans l'escalier du haut, moi dans l'escalier du bas. Et debout ainsi, je lui tendis les bras avec un geste suppliant. Ses yeux baissaient dans les miens, la tache tremblait au coin de sa bouche écarlate, et à côté se trouvait la fossette. Sous son jupon, je vis son pied dans un petit soulier de satin rose venir lentement vers moi et s'arrêter encore. J'ai observé une respiration difficile, car il semblait que mon destin était en jeu. Est-ce qu'elle descendrait vers l'Amour et moi, ou...

« Expédiez, salut ! » cria une voix, et à ce moment mon rêve disparut. Je soupirai et, regardant autour de moi, j'aperçus une tête qui me regardait par-dessus la balustrade ; une tête enveloppée dans un foulard bandana à grand motif et aux couleurs vives .

"Pourquoi, Diablotin !" M'écriai-je. Mais ma surprise s'est atténuée lorsqu'il est apparu bien en vue.

Autour de sa taille se trouvait une ceinture à larges boucles qui soutenait un coutelas en bois, deux ou trois poignards meurtriers en bois et une paire de pistolets-jouets ; tandis que sur ses jambes se trouvaient une paire de bottes bien trop grandes pour lui, de sorte que la marche exigeait beaucoup de soins.

Pourtant, dans l'ensemble, son apparence était décidément efficace. Il ne pouvait y avoir aucune erreur : c'était un pirate assoiffé de sang !

Le diablotin est un artiste jusqu'au bout de ses doigts crasseux.

« Avast , camarade de bord ! » J'ai pleuré. "Comment va le vent ?"

"Oh," s'exclama-t-il en faisant tomber ses bottes avec empressement, "emmène-moi dans ton bateau, et soyons des pirates, d'accord, oncle Dick ?"

"Eh bien, ça dépend. Où est ta tante Lisbeth ?"

"M. Selwyn va la ramener avec Dorothy sur la rivière."

« Qu'il est diable ! »

"Oui, et ils ne me prendront pas."

"Pourquoi pas, mon Diablotin ?"

" Parce qu'ils ont peur que je bouleverse le bateau. Alors j'ai pensé que je viendrais te demander de devenir pirate, tu sais. Je te prêterai mon meilleur poignard et un de mes pistolets. Veux-tu, mon oncle ? Queue?"

« Montez à bord, camarade de bord, si vous êtes pour l'Hispaniola, le Tortugas et le Spanish Main », lui dis-je, sur quoi il se précipita à bord, perdant une botte par-dessus bord dans sa précipitation, ce qui nécessita de pêcher avec la gaffe avant qu'il ne soit arrivé. rétabli.

"Ils appartiennent à Peter, tu sais," expliqua-t-il en vidant l'eau.

"Je les ai sortis de la sellerie ; un pirate doit avoir des bottes, tu sais, mais j'ai peur que Peter ne jure."

"Cela ne fait aucun doute quand il les verra", dis-je alors que nous partions.

"J'aimerais," commença-t-il, regardant pensivement autour de lui après environ une minute, "J'aimerais que nous puissions trouver une planche ou une vergue de quelque part."

"Pourquoi, mon Diablotin ?"

"Eh bien, tu ne te souviens pas, les pirates avaient toujours une planche pour que les gens "marchent", vous savez, et ils les "balançaient jusqu'à la vergue".

"Vous semblez tout savoir", dis-je en descendant lentement le courant.

"Oh, oui, j'ai tout lu dans Scarlet Sam, le Fléau des mers du Sud. Scarlet Sam allait bien. Il avait l'habitude de monter et descendre la dunette et de brandir son coutelas, et ses yeux roulaient, et il j'aurais de la mousse à la bouche, et... "

"Envoyez tout le monde dans les dalots sous le vent", ai-je ajouté.

"Oui", s'écria le diablotin sur un ton de surprise non feinte. "Comment saviez-vous cela, oncle Dick ?"

"Il était une fois", dis-je en balançant paresseusement les godilles, "j'étais moi-même un garçon et je lisais beaucoup sur un gentleman nommé 'Ben aux sourcils de scarabée'. Je vous le dis, Lutin, c'était une terreur pour la mousse et le piétinement, si vous voulez, et il tuait trois ou quatre personnes chaque matin, juste pour se mettre en appétit au petit-déjeuner. Le diablotin me regardait avec des yeux ronds.

"Comme c'est bien !" » souffla-t-il en se serrant dans ses bras en extase.

"C'était le cas," j'acquiesçai : "et puis c'était un homme très merveilleux à d'autres égards. Vous voyez, il se faisait toujours tirer une balle dans la tête ou lui traversait le corps, mais cela n'a jamais blessé Ben aux sourcils de Beetle - pas un peu."

« Et est-ce qu'il a « balancé les gens par la vergue – avec un sourire amer » ?

"Beaucoup d' entre eux !" J'ai répondu.

"Et leur faire marcher sur la planche avec un rire horrible ?"

"Par centaines !"

« Et les « abandonner sur une île désolée – avec un petit rire » ?

"Plusieurs fois", répondis-je; "et généralement en riant."

"Oh. J'aimerais en savoir plus sur lui !" » dit le diablotin avec un profond soupir ; "Voulez-vous me prêter votre livre sur lui, oncle Dick ?"

J'ai secoué ma tête. "Malheureusement, cela, ainsi que de nombreux autres biens de valeur, m'a été ravagé par la gueule impitoyable du Temps," répondis-je tristement.

Le diablotin était assis, plongé dans de profondes réflexions, traînant pensivement ses doigts dans l'eau.

"Et donc ta tante Lisbeth va se disputer avec M. Selwyn, n'est-ce pas ?" J'ai dit.

"Oui, et je lui ai dit qu'elle pouvait venir et devenir pirate avec moi si elle le voulait, mais elle ne l'a pas fait."

"Étrange!" murmurai-je.

"Oncle Dick, pensez-vous que tante Lisbeth est amoureuse de M. Selwyn ?"

"Quoi?" M'écriai-je et j'arrêtai de ramer.

"Je veux dire, pensez-vous que M. Selwyn est amoureux de tante Lisbeth ?"

"Mon Diablotin. J'en ai bien peur. Pourquoi ?"

"Parce que Cook dit qu'il l'est, et Jane aussi, et ils savent tout sur l'amour, vous savez. Je les ai entendus le lire dans un livre de nombreuses fois. Mais je pense que l'amour est horriblement stupide. , n'est-ce pas, oncle Dick ?

"Parfois, j'en ai très peur", soupirai-je.

"Tu n'aimerais personne, n'est-ce pas, oncle Dick ?"

"Non , si je pouvais m'en empêcher", répondis-je en secouant la tête. "Mais j'aime quelqu'un , et c'est le pire."

"Oh!" s'exclama le diablotin, mais sur un ton plus de tristesse que de colère.

"Ne sois pas trop dur avec moi, Imp," dis-je; "ton tour viendra peut-être quand tu seras plus âgé ; tu aimeras peut-être quelqu'un un de ces jours."

Le Diablotin fronça les sourcils et secoua la tête. "Non," répondit-il sévèrement; "Quand je serai grand, j'aurai des furets. Ben, le garçon du jardinier, en a un avec le plus petit nez rose que vous ayez jamais vu."

"Certes, un furet a ses avantages", pensai-je. "Un furet ne désapprouvera pas une minute et ne fera pas une fossette la minute suivante. Et puis, encore une fois, on ne peut pas raisonnablement supposer qu'un furet possède une tante. Il y a quelque chose à dire sur votre idée après tout, Lutin."

"Eh bien, soyons des pirates, oncle Dick," dit-il d'un air définitif. "Je pense que je serai Scarlet Sam, parce que je sais tout sur lui, et tu peux être Timothy Bone, le maître d'équipage."

"Oui, oui, monsieur", répondis-je promptement ; "seulement je dis, Imp, ne lève pas les yeux au ciel de manière si effrayante, sinon tu pourrais te rouler par-dessus bord."

Dédaignant la réponse, il dégaina son coutelas et le plaça entre ses dents à la manière des pirates les plus approuvées, s'assit, le pistolet à la main, fronçant terriblement les sourcils devant la création en général.

« Tribord de votre barre… tribord ! » s'écria-t-il en retirant son arme à cet effet.

"C'est tribord !" J'ai répondu.

"Partons à l'action !" grogna le diablotin. "Doublez les canonnades, et maître d'équipage , dirigez toutes les mains vers les quartiers."

Sur quoi j'exécutai une vive imitation du sifflet d'un maître d'équipage. La plupart des enfants sont doués d'imagination, mais le diablotin, à cet égard, est doué au-delà de son âge. Pour lui, il n'existe pas de « faire semblant » ; il n'a qu'à fermer les yeux un instant pour les ouvrir sur un monde nouveau et très réel qui lui est propre – le monde doré de la romance, dans lequel si peu d'entre nous ont le privilège de marcher en ces jours froids de bon sens. Et pourtant c'est un monde très juste, peuplé de géants et de fées ; où les châteaux élèvent leurs sinistres tours crénelées ; où les bois et les forêts magiques projettent leur ombre, pleines d'étranges bêtes ; où les chevaliers avancent avec la lance au repos et leur armure brillant au soleil. Et bien nous les connaissons. Il y a Roland, Sir William Wallace et Hereward the Wake ; Ivanhoe, le chevalier noir et l'audacieux Robin des Bois. Il y a Amyas Leigh, le vieux Salvation Yeo, et ce charmant coquin de Long John Silver. Et là aussi se trouve le roi Arthur, avec ses chevaliers de la Table ronde, mais la foule est très nombreuse, et qui pourrait tous les nommer ?

Ainsi, le diablotin et moi avons navigué vers ce monde merveilleux de romance à bord de notre vaillant navire qui, comme tout autre bateau pirate qui ait jamais existé - dans les livres ou à partir d'eux - "a lofé et a pris un autre bord, s'est éloigné à la poursuite de le galion au trésor espagnol en perspective."

Quelle plume pourrait décrire avec justesse le combat qui suivit, comment les canons rugissaient et les pistolets clignotaient, tandis que l'air était plein de cris et de cris et du vacarme tonitruant de la bataille ; comment Scarlet Sam moussait, frappait et brandissait son coutelas ; comment Timothy Bone a sifflé comme un maître d'équipage devrait le faire ? Nous avions déjà coulé cinq grands galions et travaillions dur sur un sixième, qui était visiblement en mauvais état, lorsque Scarlet Sam cessa de mousser et pointa par-dessus mon épaule avec sa lame dégoulinante.

"Navigue ho!" il pleure.

"Où?" J'ai rappelé.

"Trois points sur l'arc météo." Tandis qu'il parlait, on entendit le bruit des rames, et, tournant la tête, je vis approcher une barque, conduite par un homme en flanelle irréprochable et en chapeau de paille.

"Eh bien, c'est... c'est lui !" s'écria soudain le diablotin. "Hé, là!" » hurla-t-il avec la voix de Scarlet Sam. « Hautez-vous, ou je vous coule avec une « bordée meurtrière ! » » Presque avec ces mots, et avant que je puisse l'en empêcher, il tira brusquement sur les lignes du gouvernail ; il y eut une exclamation de colère derrière moi, un choc, un éclat de bois, et je me retrouvai face à face avec M. Selwyn, rouge et sans chapeau.

"Condamner!" » dit M. Selwyn, et il se mit à pêcher son chapeau avec le manche de sa rame cassée.

Le diablotin resta assis un moment, à moitié effrayé par son travail, puis se leva, le coutelas à la main, mais je le repoussai doucement sur son siège avec mon pied.

"Vraiment", ai-je commencé, "je suis terriblement désolé, tu sais… euh …"

"Puis-je demander", dit M. Selwyn d'un ton tranchant, tout en examinant son chapeau dégoulinant, "puis-je demander comment tout cela s'est passé ?"

" Un accident des plus déplorables, je vous l'assure. Si je peux vous remorquer, j'en serai ravi, et quant aux dégâts... "

"Les dégâts sont insignifiants, merci", répondit-il d'un ton glacial ; "c'est le retard qui me dérange."

"Vous avez mes plus humbles excuses", dis-je docilement. « Si je peux être utile… » M. Selwyn m'arrêta d'un geste de la main.

"Merci, je pense que je peux y arriver", dit-il ; " mais j'aimerais plutôt savoir comment cela s'est produit. Vous n'êtes pas habitué à ramer, je présume ? "

"Monsieur," répondis-je, "c'était principalement dû à la fougue de Scarlet Sam, le Fléau des mers du Sud."

"Je vous demande pardon?" dit M. Selwyn en haussant les sourcils.

"Monsieur, continuai-je, en ce moment vous vous croyez probablement M. Selwyn de Selwyn Park. Permettez-moi de dissiper cette illusion; vous êtes, au contraire, Don Pedro Vasquez da Silva, commandant la galleasse Esmeralda . en partance de Santa Crux. En nous, vous voyez Scarlet Sam et Timothy Bone, du bon navire Black Death, avec le « crâne et les os croisés » flottant à notre sommet. Si vous ne le voyez pas , ce n'est pas de notre faute. ".

M. Selwyn m'a regardé avec des yeux écarquillés, puis, haussant les épaules, m'a tourné le dos et s'est éloigné du mieux qu'il pouvait. "Eh bien, Imp," dis-je, "tu l'as fait cette fois!"

"' J'ai peur ," répondit-il; " mais oh ! n'était -ce pas génial — et tout ça à propos de Don Pedro et du galion au trésor ! J'aurais aimé en savoir autant que vous, oncle Dick. Je serais alors un vrai pirate. "

« Que le ciel nous préserve ! » M'écriai-je. Je me suis donc retourné et j'ai ramé en amont, pas un peu perturbé dans mon esprit quant à l'issue de l'aventure.

"Pas un mot, attention!" Prévins-je en apercevant une certaine silhouette délicate observant notre approche à l'ombre de son parasol. Le diablotin hocha la tête, soupira et rengaina son coutelas.

"Bien !" dit Lisbeth pendant que nous montions vers l'escalier d'eau ; "Je me demande quel méfait vous avez fait ensemble ?"

« Nous avons flotté sur une rivière de rêves », répondis-je en me levant et en soulevant mon chapeau ; "Nous avons également discuté de beaucoup de choses. Selon les mots de l'immortel Carroll :

"'Des chaussures, et des navires, et de la cire à cacheter, et des choux, et—'"

"Pirates !" » éclata le Diablotin.

"Cette rivière de rêve qui est la nôtre", continuai-je en le réprimant d'un regard, "nous a transportés jusqu'à vous, ce qui est très juste et convenable. Les rivières de rêve devraient toujours le faire, plus particulièrement lorsque vous êtes assis sur un trône au milieu du soleil , et tout seul.'"

"Mais je ne suis pas tout seul, Dick."

"Non, je suis là", dit une voix, et Dorothy apparut avec son petit chaton moelleux sous le bras, comme d'habitude. "Nous attendons M. Selwyn, vous savez. Nous avons attendu, oh ! très , très longtemps, mais il n'est pas venu, et tante dit que c'est une bête, et..."

« Dorothée ! » s'exclama Lisbeth en fronçant les sourcils.

"Oui, tu l'as fait, tante", triste Dorothy en hochant la tête. "Je t'ai entendu quand Louise a grimpé dans un arbre et j'ai dû la convaincre de revenir ; et j'ai aussi une robe propre, et Louise sera tellement déçue !" Ici, elle a embrassé le chaton moelleux sur le nez. "Alors c'est une bête ; tu ne le penses pas, oncle Dick ?"

"Un tel retard est hautement répréhensible", ai-je hoché la tête.

"Je suis contente que tu sois venu, oncle Dick, et tante aussi. Elle espérait—"

"Ça fera l'affaire, Dorothy !" Lisbeth l'interrompit.

"Je me demande ce qu'elle espérait ? " J'ai soupiré.

"Si tu dis encore un mot, Dorothy, je ne te parlerai plus du Prince Fée", dit Lisbeth.

"Eh bien," continuai-je, voyant que la menace avait l'effet escompté, "puisque M. Selwyn n'est pas apparu, peut-être voudriez-vous…"

"Être un pirate ?" mettre dans le Diablotin. "Pour venir se disputer avec nous ?" J'ai corrigé.

« À bord du bon navire Black Death, poursuivit-il, avec le crâne et les os croisés à notre apogée.

"Merci", dit Lisbeth, "mais vraiment, je ne pense pas que je devrais le faire. Quel horrible nom !"

"Qu'est-ce qu'il y a dans un nom ? un bateau par n'importe quel autre…" ai-je mal cité. "Si vous le souhaitez, nous l'appellerons l'Espoir Joyeux, à destination du Pays des Délices du Cœur."

Lisbeth secoua la tête, mais j'eus l'impression que la fossette me regardait pendant un instant.

"Ce serait dommage de décevoir Louise", dis-je en levant la main pour caresser le chaton pelucheux.

"Oui," cria Dorothy, "allons-y, ma tante."

"Pour le bien de Louise", ai-je insisté en lui tendant les bras. Lisbeth se tenait sur l'escalier du haut et moi sur l'escalier du bas, exactement dans les mêmes attitudes que celles que j'avais vues dans ma vision. J'ai vu son pied venir lentement vers moi et s'arrêter à nouveau ; ses lèvres rouges tremblèrent en un sourire, et voilà, il y avait la fossette ! Dorothy le vit aussi – les enfants sont merveilleusement rapides dans ce genre de choses – et l'instant d'après elle se retrouva installée dans le bateau, Louise sur ses genoux, et il ne restait plus à Lisbeth que de la suivre.

Le diablotin s'avança pour garder une « vigie », et trouvant une longueur de ligne de pêche, il annonça son intention de « lever le plomb ».

J'ai chevauché à plusieurs reprises avec Lisbeth — c'est une bonne cavalière — et j'ai souvent dansé avec elle, mais jamais auparavant je n'avais été avec elle dans un bateau. La nouveauté était donc décidément agréable, d'autant plus qu'elle était assise si près qu'en tendant furtivement un pied, je pouvais juste toucher le bas de sa robe.

"Oncle Dick", dit Dorothy en me regardant avec ses grands yeux gris, "où est le Pays des Délices du Coeur ?"

"Il se trouve au-delà de la rivière des rêves", répondis-je.

"Est-ce loin?"

"J'en ai bien peur, Dorothy."

"Oh !... et difficile d'accès ?"

"Oui, même si cela dépend entièrement de qui est à la barre."

Lisbeth commença très lentement à faire un nœud au bout du gouvernail.

"Eh bien, c'est Tante qui dirige maintenant. Pourrait-elle nous y amener ?"

"Oui, elle pourrait nous y amener, si elle le voulait."

"Oh!" s'écria Dorothy, " dirigez-vous vers le pays des délices du cœur, tante Lisbeth ; cela semble si joli, et je suis sûr que Louise l'aimerait tellement. "

Mais Lisbeth se contenta de rire et fit un autre nœud au bout du gouvernail.

"Le pays des délices du cœur!" répéta Dorothée. "Cela ressemble plutôt à l'histoire de tante sur le prince des fées. Son nom était Trueheart ."

"Et comment était le Prince VraiCœur ?" J'ai demandé.

"Bien!" » interrompit le Diablotin. "Il combattait des dragons, tu sais."

"Et il vivait dans un palais de cristal", continua Dorothy, "et il était si bon et gentil que les oiseaux se liaient d'amitié avec lui !"

"Et il portait une armure dorée et une grosse plume dans son casque !" complété le Imp.

"Et bien sûr, il aimait la belle princesse", ai-je terminé.

"Oui", acquiesça Dorothy; "mais comment savais-tu qu'il y avait une belle princesse ?"

"Bien sûr, oncle Dick sait tout", répondit sentencieusement le diablotin.

"Penses-tu que la belle princesse aimait le prince, Dorothy ?" Ai-je demandé en jetant un coup d'œil au visage détourné de Lisbeth.

"Eh bien," répondit Dorothy en pinçant la bouche pensivement, "Je ne sais pas, oncle Dick; vous voyez, tante n'en est pas encore allée là, mais tout le monde aime quelqu'un un jour, vous savez. Betty, c'est notre cuisinière, vous savez, Betty dit que toutes les belles histoires aboutissent à un mariage et à une vie heureuse pour toujours.

"Cela ne fait aucun doute", dis-je en m'appuyant sur mes rames. " Qu'en penses-tu, Lisbeth ? " Elle se pencha en arrière et me regarda modestement sous ses longs cils pendant un moment.

"Je pense," répondit-elle, "que ce serait bien mieux si tu continuais à ramer."

"Encore une question", dis-je. "Dites-moi, est-ce que ce Prince Trueheart a une moustache ?"

"Comme M. Selwyn ?" s'écria le diablotin ; "Je ne devrais pas le penser. Le prince était un brave type, et il avait l'habitude de tuer des dragons, vous savez."

" Ah ! j'en suis content, " murmurai-je en passant mes doigts sur ma lèvre supérieure rasée ; "vraiment très heureux." Lisbeth a ri, mais j'ai vu ses couleurs s'intensifier et elle a détourné le regard.

"Oh, ça doit être agréable de tuer un dragon !" soupira le diablotin.

Pendant qu'il parlait, j'ai eu l'occasion de regarder autour de moi, et j'ai aperçu au loin un homme dans un bateau qui ramait très vigoureusement, et cet homme portait un Panama.

Là-dessus, reprenant mes longs godilles, je me mis à ramer — à ramer, en effet, comme je ne l'avais pas fait depuis de nombreuses années, d'un coup long et régulier qui faisait bondir le canot. Qui ne connaît pas ce sentiment d'exaltation lorsque les pales agrippent l'eau et que le doux clapotis de l'arc se transforme en un chant gargouillant ?

Le moment mémorable où j'avais « poussé » Cambridge vers la victoire n'était rien à côté de cela. Alors ce n'était plus qu'une vaine gloire qui était en jeu, tandis que maintenant j'installais mes pieds plus fermement et, en allongeant mon coup, je tirais avec volonté. Lisbeth se redressa et je vis ses doigts se serrer sur les lignes du gouvernail.

"Tu m'as demandé de ramer, tu sais," dis-je en réponse à son regard.

" Yo ho ! " » rugit Scarlet Sam sur le ton nautique le plus bourru. « Par neuf heures de profondeur, et le vent est sous le vent, alors soulevez-vous, mes marins tous… O !

Au début, nous commencions à gagner considérablement sur notre poursuivant, mais bientôt je le vis tourner la tête, je vis le Panama rejeté tandis que M. Selwyn s'installait dans les vraies affaires, et la lutte commença.

Très vite, probablement à cause de la fixité de mon regard, ou de mon effort incessant, ou des deux, Lisbeth parut prendre conscience de la situation et se tourna pour regarder par-dessus son épaule. Je serrai les dents en attendant de rencontrer son regard indigné, car j'étais déterminé à continuer la lutte, quoi qu'il arrive. Mais quand enfin elle m'a confronté, ses yeux brillaient, ses joues étaient rouges et il y avait effectivement… la fossette.

« Restez tranquilles, les enfants », dit-elle, et ce fut tout ; mais pendant un instant, ses yeux se posèrent sur les miens.

La vieille rivière a été témoin de nombreuses courses âprement disputées au cours de son époque, mais jamais il n'y en a eu une plus âprement disputée que celle-ci. Jamais le chant de l'eau ne fut plus agréable à mon oreille, jamais la source et le coude des longs godilles ne furent plus reconnaissants, à mesure que les berges balayaient de plus en plus vite. Aucun pirate ne tendant chaque centimètre de toile pour échapper à une capture bien méritée, aucun contrebandier fuyant vers une crique abritée, avec le coupeur à revenus tout près à l'arrière, n'a jamais éprouvé une excitation plus vive que nous.

Le diablotin était dans une parfaite extase de joie ; même Dorothy oublia momentanément sa bien-aimée Louise, tandis que Lisbeth se penchait vers moi, les lignes de barre sur les épaules, les lèvres entrouvertes et une lumière dans les yeux que je n'y avais jamais vue auparavant. Et pourtant, Selwyn restait solidement accroché à nos arrières. S'il manquait d'humour , il pourrait certainement ramer.

"C'était un Oxford Blue", dit Lisbeth, parlant presque à voix basse, "et il a un bateau vide !"

J'avais envie d'embrasser la pointe de sa petite chaussure beige ou l'ourlet de sa robe pour ces mots impulsifs, et j'essayais de le lui dire avec mes yeux – le souffle était trop précieux à ce moment-là. Qu'elle ait compris ou non, je n'en suis pas sûr, mais j'imagine qu'elle l'a compris à la façon dont ses cils tombaient.

"Oh, mes yeux !" » beugla Scarlet Sam ; « Gardez-la là, quartier-maître, et faites un tour aux haubans d'artimon !

Lorsque je jetai de nouveau un coup d'œil à notre poursuivant, je vis qu'il gagnait. Oui, il ne pouvait y avoir aucune erreur ; lentement mais sûrement, malgré tous mes efforts, la distance entre nous diminuait de plus en plus, jusqu'à ce qu'il soit si proche que je pouvais discerner la raie de ses cheveux dans le dos. Alors, forcément, m'inclinant devant l'inévitable, je cessai mes efforts, me contentant d'un long et facile mouvement. Ainsi, au moment où il était à côté, j'avais dans une certaine mesure repris mon souffle.

"Miss... Eliz... Beth ," haleta-t-il, le visage très chaud et le front humide, "doit implorer... la... faveur ... de quelques mots avec vous."

"Avec plaisir, M. Selwyn", répondit Lisbeth, rayonnante de sourires; "autant que vous le souhaitez." Immédiatement, M. Selwyn poussa son réquisitoire contre les desperados de la peste noire, tandis que le diablotin jetait un regard inquiet tour à tour de lui à Lisbeth et glissait furtivement sa main dans la mienne.

"Je n'aurais pas dû vous déranger avec cela, Miss Elizabeth," termina Selwyn, "mais je ne voudrais pas que vous pensiez que je néglige un rendez-vous, surtout avec vous."

"En effet, M. Selwyn, je vous suis très reconnaissant de m'avoir ouvert les yeux sur un tel—un—"

"Accident très déplorable", dis-je.

"Je... j'étais parfaitement certaine", continua-t-elle sans même jeter un coup d'œil dans ma direction, "que vous ne m'auriez jamais fait attendre sans raison suffisante. Et maintenant, M. Brent, si vous voulez bien accepter nous à la banque, M. Selwyn nous ramènera, s'il le veut.

"Ravi!" murmura-t-il.

"J'ai commandé du thé servi dans le verger à cinq heures", sourit Lizbeth, "et il n'est que quatre heures, alors..."

« Quelle banque préférez-vous ? » demandai-je : « La droite ou la gauche ?

"Le plus proche", dit Lisbeth.

« Selon vous, lequel était le plus proche, M. Selwyn ? J'ai demandé. Dédaignant toute réponse, Selwyn fit descendre son esquif à terre et je le suivis docilement. Sans attendre mon aide, Lisbeth effectua adroitement le passage d'un bateau à l'autre, suivie plus lentement par Dorothy.

« Viens, Reginald », dit-elle alors que Selwyn se préparait à partir ; "nous t'attendons!" Le Diablotin s'accroupit plus près de moi.

"Réginald Auguste !" dit Lisbeth. Le Diablotin bougeait avec inquiétude. "Viens-tu?" demanda Lisbeth.

"Je... je préférerais être un pirate avec oncle Dick, s'il te plaît, tante Lisbeth," dit-il enfin.

"Très bien", acquiesça Lisbeth d'un air définitif; "Alors bien sûr, je dois te punir." Mais son ton était étrangement doux, et tandis qu'elle se détournait, je jurerais avoir vu le fantôme de cette fossette – oui, je le jurerais. Nous nous sommes donc assis très seuls et déprimés, le diablotin et moi, bien que desperados, tandis que nous regardions le bateau de Selwyn devenir de plus en plus petit jusqu'à ce qu'il se perde au détour d'un méandre de la rivière.

"' Spect, je vais être envoyé au lit pour ça," dit le diablotin après une longue pause.

"Je pense que c'est plus que probable, mon Diablotin."

"Mais ensuite, c'était une très belle course, oh, magnifique !" il soupira; "et je ne pouvais pas abandonner mon navire et Timothy Bone, et vous laisser ici tout seul, n'est-ce pas, oncle Dick ?"

"Bien sûr que non, Diablotin."

"A quoi penses-tu, oncle Dick ?" » a-t-il demandé alors que je regardais, le menton dans la main, rien de particulier.

"Je me demandais, Diablotin, où la Rivière des Rêves allait me mener, après tout."

« Au pays des délices du cœur, bien sûr, » répondit-il promptement ; "Tu l'as dit, tu sais, et tu ne ment jamais, oncle Dick, jamais."

IV
MAGIE DE LA LUNE

Le Three Jolly Anglers est une auberge d'un aspect nettement jovial, avec ses pignons basculants, son enseigne grinçante et ses treillis clairs qui, comme de joyeux petits yeux scintillants, regardent aujourd'hui le fleuve éternel avec le même demi-remuement. , un air à moitié bienveillant comme ils le font depuis des générations.

Sur son panneau abîmé, si vous regardez d'assez près, vous verrez peut-être encore les Trois Pêcheurs eux-mêmes, quelque peu usés et ternis par le temps et le stress du temps, tout en préservant leur gaieté à travers tout cela avec une force d'âme héroïque - comme ils le feront sans doute jusqu'à ce qu'ils disparaître complètement.

C'est une auberge avec des plafonds à chevrons et des passages étroits et sinueux ; une auberge avec des chambres longues et basses pleines de coins et de recoins inattendus, avec de grands lits à quatre colonnes construits pour des géants fatigués semble-t-il, et des cheminées larges et profondes rappelant des rondes de bœuf gargantuesques ; une auberge dont les murs mêmes semblent respirer le confort, pour ainsi dire — le confort solide et confortable d'une époque révolue.

De toutes les nombreuses pièces que l'on trouve ici, j'aime le plus celle qui s'appelle le salon sablé . Jamais les murs lambrissés n'ont été d'un ton plus doux, jamais l'étain n'a été plus brillant, jamais les choses n'ont été plus brillantes et sans taches , depuis les chenets usés et pittoresques de l'âtre jusqu'au tromblon ceint de cuivre, avec les deux anciennes cannes à pêche au-dessus. À une extrémité de la pièce se trouvait une longue fenêtre basse, et là je m'appuyais, regardant la rivière tout près et écoutant son murmure incessant. J'avais dîné il y a une heure ; le bœuf avait été excellent — c'est toujours le cas au Three Jolly Anglers — et la bière au-dessus de toute critique ; ma pipe semblait aussi avoir une saveur supplémentaire .

Pourtant, malgré tout cela, je n'ai pas apprécié ce contenu suprême, ce calme philosophique que tant de bœuf et de telle bière justifiaient sûrement. Mais alors, qui a déjà entendu parler de l'association entre Amour et Philosophie ?

Au-delà des hautes terres, une lune ronde et moissonneuse commençait à se lever, tachetant les eaux sombres de taches d'argent, et, porté à mes oreilles par l'air chaud et calme, arrivait le battement de violons lointains. Cela ne servit qu'à accroître ma mélancolie, en me rappelant que quelqu'un donnait un bal ce soir ; et Lisbeth était là, et M. Selwyn était là, bien sûr, et moi — j'étais ici — seul avec le tromblon ceinturé de cuivre, les vieilles cannes à pêche et les chenets antiques dans l'âtre ; sans personne à qui parler pour sauver la lune et le jasmin qui s'était glissé par la fenêtre ouverte. Et, remarquant la splendeur de la nuit, j'éprouvais envers Lisbeth un sentiment de surprise douloureuse, qu'elle préfère la chaleur et les éclats criards d'une salle de bal plutôt que de marcher avec moi sous une telle lune.

En effet, ce fut une nuit merveilleuse ! une de ces nuits chaudes et tranquilles qui semblent pleines de possibilités vagues et incalculables ! Une nuit pleine de magie dans l'air, où les elfes et les fées dansent dans leurs cercles d'herbe, ou se cachent à l'ombre des arbres, en regardant un entre les feuilles ; ou encore, un vaillant chevalier sur un puissant cheval peut sortir lentement des ombres de la forêt, avec le clair de lune brillant sur son armure .

Oui, il y avait sûrement de la magie dans l'air ce soir ! J'aurais à moitié souhaité qu'un enchanteur puisse, d'un coup de baguette magique, faire reculer les années et me laisser dans le bon vieux temps brutal et viril, où les hommes courtisaient et gagnaient leur amour par la puissance et la force des bras, et non par la force des bras. l'or, comme c'est si souvent le cas de nos jours. Être monté sur mon cheval fougueux, lance à la main et épée sur la cuisse, chevauchant les allées feuillues des bois là-bas, guidé par la mélodie lancinante et soupirante. Pour éclater sur les danseurs étonnés comme un coup de tonnerre ; pour la faire basculer jusqu'à l'arçon de ma selle, et me serrer dans les bras l'un de l'autre, pour me plonger dans le vert mystère de la forêt.

Mes imaginations m'avaient porté jusqu'ici lorsque j'ai pris conscience d'une petite silhouette furtive, esquivant d'une zone d'ombre à une autre. En me penchant à la fenêtre, j'ai distingué la forme d'un gamin quelque peu peu recommandable, qui, tombant à quatre pattes, s'est mis à ramper vers moi sur l'herbe avec une démonstration de la plus grande prudence.

"Bonjour!" m'écriai-je, arrêtez-vous et donnez le contre-signe ! Le gamin s'est redressé sur ses talons et m'a regardé avec une paire d'yeux très ronds et brillants.

"S'il vous plaît, êtes-vous M. Oncle Dick ?" s'enquit-il.

"Oh," dis-je, " vous venez du diablotin, je présume." Le garçon hocha la tête ronde, tout en fouillant quelque chose dans sa poche.

"Et qui peux-tu être ?" Ai-je demandé, en conversation.

"Je m'appelle Ben, je le suis."

« Le garçon du jardinier ? De nouveau, la tête ronde hocha la tête en signe d'acquiescement, car, avec beaucoup de contorsions et de torsions, il réussit à tirer de sa poche une collection hétérogène d'articles, d'où il choisit un morceau de papier très sale et froissé.

"Il veut une échelle pour pouvoir sortir , mais elle est trop grande pour que je puisse la soulever, alors il m'a dit de vous la donner ici pour que vous veniez le sauver - s'il vous plaît, M. Oncle Dick." Avec quelle explication lucide Ben m'a tendu le billet froissé.

En l'étalant sur le rebord de la fenêtre, j'ai réussi à distinguer ceci :

CHER UNKEL DICK : J'écris ça avec le sang de mon cœur , je suis prisonnier dans une tristesse fumier . Ce n'est pas vraiment le sang de mon cœur, c'est seulement de l'encre rouge, alors ne vous inquiétez pas. Tante Lisbath m'a mis au lit juste après le thé , elle a dit que j'étais norty , et quand elle est partie, l'infirmière m'a enfermé pour que je ne puisse pas sortir et je suis fatigué d'être prisonnier , alors s'il te plaît, je veux que tu le fasses. prends la ladda et laisse-moi m'échapper , s'il te plaît, débarrasse- toi de cette bite, d'accord.

à vous jusqu'à la mort ,
REGINALD AUGUSTUS.

Tante nous lisait Ivanhoe et j'étais le chevalier noir et tu peux être Gurth le troupeau de porcs si tu veux.

"Alors c'est comme ça ?" J'ai dit.

"Eh bien ! eh bien ! un tel appel ne restera pas sans réponse, au moins. Attends là, mon fidèle Benjamin, et je serai avec toi tout de suite." Ne m'arrêtant que pour remplir ma blague à tabac et prendre ma casquette, je sortis dans la nuit parfumée et me mis en route le long de la rivière, le fidèle Benjamin trottant sur mes talons.

Bientôt nous longeâmes des parterres de fleurs et traversâmes des pelouses bien taillées, jusqu'à ce que nous atteignions enfin une certaine aile de la maison à une fenêtre de laquelle une taie d'oreiller pendait au moyen d'une ficelle.

"C'est pour les provisions !" Ben s'est porté volontaire; "Nous pensions qu'il mourait de faim, alors il l'a laissé tomber et je l'ai rempli d'oignons du potager." A ce moment, la tête bouclée du diablotin apparut à la fenêtre, suivie de la majeure partie de sa personne.

"Oh, oncle Dick !" » cria-t-il dans un chuchotement fort sur scène, « Je pense que tu ferais mieux d'être le Chevalier Noir, parce que tu es si grand, tu sais.

"Im," dis-je, "monte tout de suite, tu veux te casser le cou ?"

Le Diablotin se mit docilement en sécurité.

"L'échelle est dans la remise à outils, oncle Dick, Ben va vous la montrer. Veux-tu la chercher, s'il te plaît ?" » plaida-t-il d'un ton câlin.

"Tout d'abord, mon diablotin, pourquoi ta tante Lisbeth t'a-t-elle envoyé au lit ? avais-tu été un très vilain garçon ?"

"Non-o!" répondit-il après un moment de pause, "Je ne pense pas que j'ai été si méchant - j'ai seulement peint Dorothy comme un chef indien - verte, avec des taches rouges, et elle avait l'air bien, vous savez."

"Vert, avec des taches rouges !" Je répète.

"Oui ; seule ma tante n'a pas semblé aimer ça."

"Je crains que votre tante Lisbeth n'ait pas le sens des couleurs ."

"Oui, c'est vrai , elle m'a envoyé au lit pour ça, tu sais."

« Pourtant, Diablotin, étant donné les circonstances, je pense qu'il serait préférable que tu te déshabilles et que tu t'endormes.

"Oh, mais je ne peux pas, oncle Dick !"

"Pourquoi pas, mon Diablotin ?"

" Parce que la lune est si brillante, et tout semble si bien là-bas, et je suis sûr qu'il y a des fées dans les parages... des fées de la Lune, vous savez, et je suis 'misérable."

"Misérable, Diablotin ?"

"Oui, tante Lisbeth n'est jamais venue m'embrasser pour me souhaiter une bonne nuit, et donc je ne peux pas m'endormir, oncle Dick !"

"Pourquoi cela change l'affaire, certainement."

"Oui, et l'échelle est dans la remise à outils."

« Diablotin », dis-je en me tournant pour suivre Benjamin, « oh, espèce de diablotin !

Il y a peu de choses dans ce monde plus difficiles à gérer qu'une échelle commune ou une échelle de jardin ; entre autres particularités, il a le don très désagréable de se déchaîner soudainement au moment où tout semble se passer sans problème, ce qui peut se révéler déconcertant pour le novice. Cependant, après diverses mésaventures de ce genre, je finis par le faire élever jusqu'à la fenêtre, et un instant après, le diablotin était descendu et se tenait à côté de moi, respirant son souffle de liberté.

Par mesure de précaution, nous avons caché l'échelle dans un bosquet de rhododendrons tout près, et nous venions tout juste de le faire lorsque Benjamin poussa un cri d'avertissement et prit la fuite, tandis que le diablotin et moi cherchions refuge derrière un arbre ami. Et pas trop tôt, car à peine l'avions-nous fait, que deux silhouettes contournèrent un coin de la maison, deux silhouettes qui marchaient très lentement et très rapprochées.

"Pourquoi c'est Betty, la cuisinière, tu sais, et Peter !" murmura le diablotin.

Presque en face de notre cachette, Betty s'arrêta pour soupirer lourdement et regarder la lune.

"Oh, Pierre !" murmura-t-elle, "regarde cet orbe !"

" Ah ! " » dit Pierre en regardant docilement vers le haut.

« Peter, n'est -ce pas « céleste ; cela ne touche-t-il pas votre âme ?

" Ah ! " dit Pierre.

"Peter, es-tu sûr que tu m'aimes plus que cette histoire de Susan chez le médecin ?" Une manche de manteau en velours côtelé se glissa lentement autour de la taille rebondie de Betty, et il y eut le son indubitable d'un baiser.

"Vraiment et sincèrement, Peter ?"

" Ah ! " dit Peter, "alors aide - moi Sam!" Le bruit des baisers se répéta et ils repartirent, mais plus près que jamais à cause de la manche du manteau en velours côtelé.

"Ces deux-là sont amoureux, tu sais," acquiesça le Diablotin. "Peter dit que les cheese-cakes qu'elle prépare sont suffisants pour pousser n'importe quel homme à l'épouser, qu'il le veuille ou non, et" j'ai entendu Betty dire à Jane qu'elle adorait Peter, parce qu'il avait tellement d'âme ! " Demanda-t-il pensivement, tout en les regardant hors de vue, " pourquoi, oncle Dick, les gens amoureux ont-ils toujours l'air si stupides ?

"Tu le penses?" Ai-je demandé en m'arrêtant pour allumer ma pipe.

« Bien sûr que oui ! » » répondit le diablotin ; "Pourquoi faut-il qu'on entoure les filles de leurs bras, comme si elles voulaient tenir le coup, je trouve que c'est affreusement idiot !"

"Bien sûr que oui, Diablotin – ta sagesse est inattaquable – mais tu sais, je peux comprendre qu'un homme soit assez stupide pour le faire – de temps en temps."

"Mais tu ne le ferais jamais, oncle Dick ?"

"Hélas, Diablotin !" Dis-je en secouant la tête. "La fortune semble exclure toute chance que cela se produise."

« Bien sûr que vous ne le feriez pas », s'est-il exclamé ; "et Ivanhoe ne le ferait pas—"

"Ah, mais il l'a fait !" J'ai mis; "As-tu oublié Rowena ?"

"Oh!" s'écria tristement le diablotin, pensez-vous vraiment qu'il l'ait jamais entourée de ses bras ?

"Bien sûr," j'acquiesçai. Le diablotin semblait très abattu, et même choqué.

"Mais il y avait le Chevalier Noir", dit-il, s'éclairant soudainement. "Richard Cœur de Lion, vous savez, il ne l'a jamais fait !"

"Pas pendant qu'il se battait, bien sûr, mais après, si l'on en croit l'histoire, il le faisait très souvent ; et nous sommes tous pareils, Lutin - tout le monde le fait tôt ou tard."

"Mais pourquoi ? Pourquoi quelqu'un voudrait-il mettre ses bras autour d'une fille, oncle Dick ?"

"Pour la simple raison que la fille est là pour le ranger, je suppose. Et maintenant, Lutin, parlons de poisson."

Instinctivement, nous nous étions dirigés vers la rivière, et maintenant nous regardions le large chemin argenté tracé par la lune à travers le mystère de ses eaux.

"J'aime voir l'éclat sur la rivière comme ça", dit le diablotin rêveusement; "Tante Lisbeth dit que c'est le chemin par lequel les fées de la Lune descendent pour vous faire faire de beaux rêves quand vous avez été sage. Je me suis levé de nombreuses fois et j'ai regardé et regardé, mais je n'ai jamais vu qu'elles viennent. Pensez-vous qu'il y a des fées sur la lune, oncle Dick ?

"Sans aucun doute", répondis-je; " Sinon, comment fait-il pour rester aussi brillant ? Je me demandais autrefois comment ils faisaient pour le faire briller autant. "

"Ça doit nécessiter beaucoup de frottements !" » dit le diablotin ; "Je me demande s'ils se fatiguent un jour ?"

"Bien sûr qu'ils le font, Lutin, et parfois découragés aussi, comme le reste d'entre nous, et alors tout est noir, et les gens se demandent où est la lune. Mais elles sont très courageuses, ces fées de la Lune, et elles ne sont jamais vraiment ils perdent espoir, vous savez ; alors ils recommencent bientôt à frotter et à polir, en commençant toujours par un bord, et au bout d'un moment on le voit recommencer à briller, très petit et mince au début, comme un...

"Vignette!"

"Oui, juste comme un ongle de pouce ; et ainsi ils continuent à travailler et à travailler dessus jusqu'à ce qu'il devienne aussi grand, rond et brillant que ce soir."

Nous marchions ainsi ensemble dans un monde féerique, le diablotin et moi, tandis qu'au-dessus du murmure des eaux, au-dessus des soupirs des arbres, retentissait la douce et tremblante mélodie des violons.

"J'aurais aimé vivre quand il y avait des chevaliers comme Ivanhoe", éclata soudain le diablotin ; "Ça devait être bien de faire tomber un homme de son cheval avec ta lance."

« Toujours en supposant qu'il ne t'ait pas assommé en premier, Diablotin.

"Oh ! J'aurais dû être le genre de chevalier que personne ne pouvait abattre, vous savez. Et j'aurais erré sur mon fidèle destrier, combattant toutes sortes de barons caddish et de caitiffs, et tuant des géants ; et" J'aurais sauvé de charmantes dames de châteaux sinistres, même si je ne les aurais pas entourées de mon bras, bien sûr ! »

"Péris cette pensée, mon diablotin !"

"Oncle Dick!" dit-il, insinuant, "J'aimerais que tu sois le Chevalier Noir, et laisse-moi être Ivanhoe."

"Mais il ne nous reste plus de caïtifs ni d'autres choses à combattre, Diablotin, et pas de charmantes dames à sauver des sinistres châteaux, hélas !"

Maintenant nous marchions, attirés presque imperceptiblement par le fil magique de la mélodie, qui nous avait conduit, par des chemins détournés, jusqu'à un muret de pierre, au-delà duquel nous apercevions la lueur des fenêtres éclairées et le scintillement des lampes féeriques. parmi les arbres. Et là-bas, au milieu de la musique et des rires, Lisbeth était dans toute la gloire de sa beauté, heureuse bien sûr et légère ; et ici, sous la lune, j'étais.

"Nous pourrions prétendre que c'était un château sinistre, vous savez, oncle Dick, plein de donjons et de tourelles, et que nous allions sauver tante Lisbeth."

"Imp," dis-je, "c'est vraiment une excellente idée."

"J'aurais aimé apporter ma fidèle épée," soupira-t-il, cherchant quelque chose pour la remplacer ; "Je l'ai laissé sous mon oreiller, tu sais."

Mais très vite, il s'était procuré deux bâtons, un peu fins et bancaux, mais qui, par la magie de l'imagination, se transformaient en de redoutables épées à deux tranchants, dont il m'armait l'une, et dont il brandissait l'autre au-dessus de sa tête. .

"En avant, vaillants chevaliers !" il pleure; "la brèche ! la brèche ! Sur ! sur ! St. George, pour Merrie England !" Avec ces mots, il grimpa sur le mur et disparut de l'autre côté.

J'ai hésité un instant, puis, inspiré par la musique et la pensée de Lisbeth, j'ai emboîté le pas. Tout cela était très fou, bien sûr, mais qui se souciait de la raison par une telle nuit – certainement pas moi.

"Faites attention maintenant, Diablotin !" J'ai prévenu; "Si quelqu'un nous voit, il nous prendra sans aucun doute pour des voleurs ou des fous."

Nous nous sommes retrouvés dans un jardin clos avec une allée qui menait entre des rangées d'arbres fruitiers. Ensuite, il nous conduisit sur une large étendue de pelouse, avec çà et là un grand arbre et, au-delà, les fenêtres luisantes de la maison. Remplis de l'esprit d'aventure, nous nous approchâmes, en restant dans l'ombre autant que possible, jusqu'à ce que nous puissions voir des personnages qui se promenaient sur la terrasse ou se promenaient dans les promenades en contrebas.

L'excitation de nous frayer un chemin parmi tant de monde était intense ; À maintes reprises, nous n'avons été sauvés de la détection que par plus d'un couple errant, grâce au fait que toute leur attention était concentrée sur eux-mêmes. Par exemple, nous nous disputions autour d'un bouquet de lauriers, pour gagner l'ombre de la terrasse, lorsque nous manquâmes de tomber dans les bras d'un couple ; mais ils ne nous virent pas pour la très bonne raison qu'elle regardait la lune et lui la regardait.

"C'est si gentil de ta part, Archibald !" disait-elle.

"Pourquoi l'a-t-elle appelé 'chauve, oncle Dick ?" demanda le diablotin à voix haute , pendant que je l'entraînais derrière les lauriers. "Il n'est pas du tout chauve, tu sais ! Et je dis, oncle Dick, as-tu vu son bras, il était rond..."

"Oui oui!" J'ai hoché la tête.

"Tout comme celui de Peter, tu sais."

"Oui, oui, j'ai vu."

"Je me demande pourquoi elle l'a appelé—"

"Faire taire!" Je l'interrompis : "Il s'appelle Archibald, je suppose."

"Eh bien, j'espère que quand je serai grand, personne ne m'appellera jamais—"

"Faire taire!" Je répétai : « Pas un mot, voilà votre tante Lisbeth ! Elle se tenait en effet sur la terrasse, à un mètre de notre cachette, et à côté d'elle se trouvait M. Selwyn.

"Oncle Dick," murmura l'irrépressible Diablotin, "pensez-vous que si nous regardons assez longtemps, M. Selwyn passera son bras autour de..."

"Fermez-la!" Murmurai-je sauvagement. Lisbeth était vêtue d'une longue robe traînante en soie couleur tourterelle – un de ces vêtements près du corps qui font que les non-initiés, comme moi, se demandent comment ils s'enfilent. En outre, elle portait un châle, ce dont je regrettais, car j'ai toujours été une admiratrice des belles choses, et le cou et les épaules de Lisbeth sont magnifiques. M. Selwyn se tenait à côté d'elle, une assiette de glace à la main, qu'il lui tendit, et ils s'assirent. Alors que je la regardais et remarquais son air las et ennuyé, et avec quelle nostalgie elle levait les yeux vers le disque argenté de la lune, j'éprouvais un sentiment de satisfaction décidée.

"Oui", dit Lisbeth en jouant distraitement avec la glace, "il a peint le visage de Dorothy avec des rayures d'émail rouge et vert, et Dieu seul sait comment nous pourrons un jour enlever tout ça!"

M. Selwyn a été dûment choqué et a murmuré quelque chose sur « l'efficacité de la térébenthine » dans une telle urgence.

"Bien sûr, j'ai dû le punir", continua Lisbeth, "donc je l'ai envoyé au lit immédiatement après le thé, et je ne suis jamais allé lui dire bonsoir, ni le border comme je le fais habituellement, et cela m'a toujours inquiété. le soir."

M. Selwyn était sûr qu'il allait bien, et absolument certain qu'à ce moment il était plongé dans un doux sommeil. Malgré mon avertissement, le diablotin a ri, mais nous avons été sauvés par le groupe qui s'est mis en marche. M. Selwyn se leva, tendant le bras à Lisbeth, et ils rentrèrent dans la salle de bal. Un à un, les autres couples emboîtèrent le pas jusqu'à ce que la longue terrasse soit déserte. Maintenant, sur la chaise déserte de Lisbeth, merveilleusement rose dans la douce lueur des lanternes chinoises, se trouvait la glace.

"Oncle Dick", dit le diablotin d'un ton pensif, "je pense que je vais être un bandit pendant un moment."

"Tout ce que vous voudrez", répondis-je imprudemment, "du moment que nous partons tant que nous le pouvons."

"Très bien", murmura-t-il, "je ne serai pas dans une minute", et avant que je puisse l'arrêter, il avait dévalé les marches et s'était laissé tomber sur la glace.

La merveilleuse célérité avec laquelle le diablotin a englouti cette glace était tout à fait impressionnante. En moins de temps qu'il n'en faut pour savoir que l'assiette était vide. Pourtant, à peine avait-il avalé la dernière bouchée qu'il entendit la voix de M. Selwyn tout près. Dans sa hâte, le diablotin laissa tomber sa casquette, une affaire éclatante de rouge et de blanc, et avant qu'il puisse la récupérer, Lisbeth réapparut, suivie de M. Selwyn.

— "C'est certainement plus agréable ici !" il disait.

Lisbeth se dirigea droit vers la casquette – c'était une impossibilité morale qu'elle ne pût ne pas la voir – et pourtant elle se laissa tomber sur sa chaise sans un mot ni un signe. M. Selwyn, au contraire, se tenait debout, la plaque de glace vide à la main, la regardant avec des yeux écarquillés d'étonnement.

"C'est parti!" il s'est excalmé.

"Oh!" dit Lisbeth.

"Très extraordinaire !" Dit M. Selwyn en réparant son monocle et en regardant plus fort que jamais ; "Je me demande où ça a bien pu arriver ?"

"Peut-être qu'il a fondu !" suggéra Lisbeth, "et j'aurais tellement aimé une glace !" elle soupira.

"Alors, bien sûr, je t'en procurerai un autre, avec plaisir", dit-il en s'éloignant précipitamment, regardant l'assiette d'un air dubitatif en partant.

A peine Lisbeth fut-elle seule qu'elle écarta la traîne de sa robe et ramassa la casquette révélatrice.

"Lutin!" murmura-t-elle en se levant, "Imp, venez ici immédiatement, monsieur!" Il y eut une pause haletante d'un moment, puis le diablotin apparut en se tortillant.

"Bonjour, tante Lisbeth !" dit-il avec une gaieté tout à fait assumée.

"Oh!" » s'écria-t-elle avec détresse, « qu'est-ce que cela signifie ; que fais-tu ici ? Oh, vilain garçon !

« Lisbeth, lui dis-je en me levant à mon tour pour lui faire face, ne blâme pas l'enfant, c'est ma faute, laisse-moi t'expliquer, au moyen d'une échelle… »

"Pas ici", murmura-t-elle en jetant un coup d'œil nerveux vers la salle de bal.

"Alors viens où je peux."

"Impossible!"

"Pas du tout ; il suffit de descendre ces marches et nous pourrons causer tranquillement."

"Ridicule!" dit-elle en se baissant pour remettre la casquette du Diablotin ; mais étant ainsi à portée de main, elle se retrouva l'instant d'après à côté de nous dans l'ombre.

"Dick, comment as-tu pu, comment as-tu osé ?"

« Vous voyez, il fallait que je m'explique », répondis-je très humblement ; "Je ne pouvais vraiment pas permettre à ce pauvre enfant de porter la responsabilité de ma faute—"

"Je ne suis pas un "pauvre enfant", oncle Dick", a postulé le diablotin; "Je suis un vaillant chevalier et—"

"... Le blâme de ma faute, Lisbeth," continuai-je, "je dois seul faire face à votre juste ressentiment, car..."

"Faire taire!" » murmura-t-elle en jetant un rapide coup d'œil autour d'elle.

"— Car , au moyen d'une échelle, Lisbeth, une échelle commune ou de jardin—"

"Oh, tais-toi!" dit-elle en posant sa main sur mes lèvres, que j'y emprisonnai aussitôt, mais pour un moment seulement ; le lendemain, il fut arraché alors que se faisait entendre le bruit indubitable de quelqu'un qui s'approchait.

"Viens, tante Lisbeth", murmura le diablotin, " n'aie pas peur , nous allons te secourir."

Oh! il y avait sûrement de la magie dans l'air ce soir ; car, d'un mouvement rapide et adroit, Lisbeth avait passé sa longue traîne sur son bras, et nous courions main dans la main, tous les trois, courant à travers les pelouses et les sentiers sinueux entre les haies d'ifs, parfois si rapprochés que je pouvais le faire. je sens une mèche de ses cheveux parfumés effleurer mon visage avec un toucher presque comme une caresse. Sûrement, sûrement, il y avait de la magie dans l'air ce soir !

Soudain, Lisbeth s'arrêta, rouge et haletante.

"Bien!" s'exclama-t-elle, regardant tour à tour moi, puis le diablotin, "y a-t-il jamais eu quelque chose d'aussi fou !"

« Tout est fou ce soir, dis-je ; "c'est la lune !"

"Dire que je m'enfuie ainsi avec deux—deux—"

"Intrus", suggérai-je.

« Je devrais vraiment être très, très en colère contre vous deux, dit-elle en essayant de froncer les sourcils.

"Non, ne sois pas en colère contre nous, tante Lisbeth", supplia le diablotin, " parce que tu es une charmante dame dans un château sinistre, et nous sommes deux vaillants chevaliers, nous avons donc dû venir vous secourir ; et tu n'es jamais venu m'embrasser pour me souhaiter une bonne nuit, et je suis vraiment désolé d'avoir peint le visage de Dorothy, vraiment !"

« Diablotin », s'écria Lisbeth en tombant à genoux malgré ses soies et ses dentelles, « Diablotin, viens m'embrasser. Le diablotin sortit un mouchoir décidément sale et, après s'en être frotté les lèvres, obéit.

"Maintenant, oncle Dick !" dit-il en me tendant le mouchoir sale. Lisbeth rougit réellement.

"Réginald !" s'écria-t-elle, " qu'est-ce qui t'a mis une telle idée en tête ?"

"Oh ! tout le monde embrasse toujours quelqu'un que tu connais," acquiesça-t-il ; "et c'est au tour d'oncle Dick maintenant."

Lisbeth se releva et commença à remettre de l'ordre dans ses cheveux rebelles. Or, tandis qu'elle levait les bras, son châle glissait tout naturellement jusqu'à terre ; et debout là, avec ses yeux riant de moi sous leurs cils sombres, avec le clair de lune dans ses cheveux et brillant sur la neige de son cou et de ses épaules, elle n'avait jamais paru d'une beauté aussi déroutante et tentante auparavant.

"Dick," dit-elle, "je dois y retourner immédiatement, avant que je ne leur manque."

"Retourner!" J'ai répété : « Jamais, c'est-à-dire pas encore ».

"Mais supposons que quelqu'un nous voie !" dit-elle avec une épingle à cheveux dans la bouche.

"Ils ne le feront pas", répondis-je; "Tu y veilleras, n'est-ce pas, Diablotin ?"

« Bien sûr que je le ferai, oncle Dick ! »

"Alors allez-y, Sir Knight, et gardez une garde fidèle derrière ce pommier, et ne laissez aucun vil valet venir ici ; c'est-à-dire que si vous voyez quelqu'un, assurez-vous de me le dire." Le diablotin salua et disparut aussitôt derrière le pommier en question, tandis que j'observais les doigts adroits de Lisbeth et m'efforçais de me souvenir d'une phrase de Keats décrivant une belle femme au clair de lune. Cependant, avant que je puisse y penser, Lisbeth m'a interrompu.

"Tu ne penses pas que tu pourrais ramasser mon châle au lieu de me regarder comme si j'étais... "

"La plus belle femme du monde!" J'ai mis.

"Qui est en train d'attraper sa mort de froid", a-t-elle ri, et pourtant, malgré tout son ton léger, ses yeux se sont baissés devant les miens alors que j'enroulais docilement le châle autour d'elle, ce qui, ce faisant, mon bras étant autour d'elle, restait très naturellement là, et, merveille des merveilles, ne fut pas repoussé. Et à ce moment précis, des arbres ombragés derrière nous, retentit le chant riche et clair d'un rossignol.

Oh! certainement , l'air était plein de magie ce soir !

"Dick," dit très doucement Lisbeth alors que les notes trilles s'éteignaient, "je pensais qu'on ne pouvait que rêver une nuit comme celle-ci."

"Et pourtant, la vie pourrait en réserver bien d'autres pour toi et moi, si seulement tu le permettais, Lisbeth", lui rappelai-je. Elle n'a pas répondu.

"Non loin du village de Down, dans le Kent", commençai-je.

"Il y a une maison", dit-elle en regardant la lune avec des yeux rêveurs.

« Une très vieille maison, avec des cheminées Tudor tordues et des pignons pointus – vous voyez, j'ai tout cela par cœur, Dick – une maison avec de larges escaliers et de longues chambres lambrissées … »

"Très vide et désolé à l'heure actuelle", ai-je ajouté. "Et entre autres choses, il y a une roseraie - on l'appelle le jardin de My Lady, Lisbeth, bien qu'aucune dame n'ait foulé ses sentiers sinueux depuis des années et des années. Mais j'ai rêvé à maintes reprises que nous étions parmi eux. les roses, elle et moi, lors d'une autre nuit comme celle-ci. Alors je garde la vieille maison prête et les jardins fraîchement entretenus, prêts pour l'arrivée de ma dame, dois-je attendre encore longtemps, Lisbeth ? Alors que je terminais, le rossignol reprit l'histoire, plaidant ma cause pour moi, remplissant l'air d'une mélodie tantôt attrayante, tantôt imposante, jusqu'à ce qu'elle s'éteigne progressivement dans une longue note de supplication passionnée.

Lisbeth soupira et se tourna vers moi, mais ce faisant, je sentis un tiraillement sur mon manteau et, regardant autour de moi, j'aperçus le diablotin.

« Oncle Dick, » dit-il, les yeux soigneusement détournés, sans doute à cause de la position de mon bras, « voici M. Selwyn !

Avec une exclamation soudaine, Lisbeth s'écarta de moi et ramassa ses jupes pour courir.

" Où est-ce , mon diablotin ? "

"Je traverse la pelouse."

"Reginald," dis-je solennellement, "écoutez-moi; vous devez faire une sortie sur lui avec la lance au repos, lui dire que vous êtes un chevalier errant, désireux de défendre la gloire de cette belle dame , votre tante Lisbeth, et quoi que ce soit. Il se trouve que tu dois réussir à l'éloigner d'ici, tu comprends ?

"Oui, seulement j'aurais aimé apporter ma fidèle épée, tu sais," soupira-t-il.

"Peu importe ça maintenant, Diablotin."

« Est-ce que Tante Lisbeth sera tout à fait … »

"Elle ira bien."

"Je suppose que si tu mets ton bras—"

"Peu importe mon bras, Diablotin, vas-y !"

« Alors, porte-toi bien ! » » dit-il, et avec un coup de lance mélodramatique, il partit au trot.

« Que voulait-il dire à propos de ton bras, Dick ?

"Probablement ça !" Répondis-je en le glissant à nouveau autour d'elle.

— Mais il faut vous en aller tout de suite, murmura Lisbeth ; "Si M. Selwyn devait vous voir..."

" J'ai l'intention qu'il le fasse. Oh, ce sera très simple ; pendant qu'il me parle, vous pouvez retourner au... "

"Faire taire!" murmura-t-elle en posant ses doigts sur mes lèvres ; "écouter!"

"Bonjour, M. Selwyn !" » vint sur le ton familier du Diablotin.

"Eh bien, mon Dieu !" s'écria une autre voix, beaucoup trop proche pour être agréable, que diable faites-vous ici... et à cette heure de la nuit ?

"Vous cherchez des valets de base !"

« Ne sais-tu pas que tous les petits garçons – tous les gentils petits garçons – auraient dû être au lit depuis des heures ?

"Mais je ne suis pas un gentil petit garçon ; je suis un chevalier errant ; voudriez-vous vous procurer une lance, M. Selwyn, et la briser avec moi à la gloire de ma tante Lisbeth ?"

"La question est : qu'est-elle devenue ?" dit M. Selwyn. Nous avons attendu la réponse, presque essoufflés.

"Oh ! Je vois qu'elle est quelque part en train de regarder la lune ; tout le monde regarde la lune, vous savez ; Betty le fait, et la dame avec l'homme avec un drôle de nom à propos d'être chauve, et... "

"Je pense que vous feriez mieux de venir à la maison", a déclaré M. Selwyn.

"Penses-tu que tu pourrais m'offrir une glace si je le faisais ?" » demanda le diablotin d'un ton persuasif ; "joli et rose, tu sais, avec—"

"Une glace !" répéta M. Selwyn ; "Je me demande combien vous en avez déjà mangé ce soir ?"

Le moment d'agir était venu. " Lisbeth, " dis-je, " nous devons partir ; un tel bonheur ne pourrait pas durer ; comment devrait-il le faire ? Je pense qu'il nous est donné de rêver dans des jours moins heureux. Pour moi, ce sera un souvenir à chérir toujours, et pourtant il pourrait y avoir autre chose, une petite chose, Lisbeth, peux-tu deviner ? » Elle ne parlait pas, mais j'ai vu la fossette aller et venir au coin de sa bouche, alors je me suis penché et je l'ai embrassée. Pendant un instant, trop bref, nous restâmes ainsi, entourés de la gloire du clair de lune ; puis je me suis précipité à travers la pelouse après Selwyn et le diablotin.

"Ah, M. Selwyn !" » Dis-je en les rattrapant : « Alors vous l'avez trouvé, n'est-ce pas ? M. Selwyn s'est tourné vers moi, la grande surprise l'envahissant, depuis la pointe de ses chaussures en cuir verni immaculées jusqu'à la raie de ses cheveux non moins immaculés.

"C'est très gentil de votre part," continuai-je; "Vous voyez, c'est un objet si difficile à récupérer une fois qu'il s'est égaré ; vraiment, je vous en suis terriblement obligé." L'attitude de M. Selwyn était poliment formelle. Il s'inclina.

« Qu'y a-t-il ce soir, demanda-t-il, des pirates ?

"Ce n'est pas si grave que ça", répondis-je; "Cette nuit, l'air est plein du choc des armures et du tintement de l'acier ; si vous ne l'entendez pas, ce n'est pas notre faute."

« Et les bois sont pleins de barons caddish et de fripons, vous savez, n'est-ce pas, oncle Dick ?

"Certainement," j'acquiesçai, "avec la lance et la pointe de lance scintillant dans l'obscurité, mais dans la gloire argentée de la lune, M. Selwyn, promenez des damozels et des dames errantes , et encore une fois, si vous ne les voyez pas, la perte est à vous. Pendant que je parlais, sur la terrasse, une ombre grise s'arrêta un instant avant de se fondre dans l'éclat de la salle de bal ; voyant que le sourire légèrement supérieur qui courbait la moustache très précise de M. Selwyn ne me dérangeait pas ; après tout, ma rhapsodie n'avait pas été complètement abandonnée. Alors que je terminais, les premières mesures d'une valse nous sont parvenues. M. Selwyn jeta un coup d'œil par-dessus son épaule.

"Ah ! Je suppose que tu peux trouver ton chemin pour sortir ?" s'enquit-il.

"Oh, oui, merci."

« Alors si vous voulez bien m'excuser, je pense que je vais vous laisser… ah… le faire ; la prochaine danse commence, et… ah… »

"Certainement", dis-je, "bien sûr… bonne nuit, et bien obligé… vraiment !" M. Selwyn s'inclina et, se détournant, nous laissa à nos propres ressources.

"J'aurais aimé une autre glace, oncle Dick", soupira le diablotin avec regret.

"Les chevaliers n'ont jamais mangé de glace !" Dis-je alors que nous partions sur le chemin le plus proche.

« Oncle Dick, » dit soudain le diablotin, « pensez-vous que M. Selwyn veuille passer ses bras autour de tante Lis... »

"Peut-être!"

« Et est-ce que vous supposez que tante Lisbeth souhaite que M. Selwyn... »

« Je ne sais pas – bien sûr que non... euh – taisez-vous gentiment, d'accord, Diablotin ?

"Je voulais seulement savoir, tu sais," murmura-t-il.

Nous continuâmes notre chemin en silence et je me remis à rêver de Lisbeth, de la façon dont elle avait soupiré, de son regard lorsqu'elle se tournait vers moi avec sa réponse tremblante sur les lèvres, réponse que le diablotin avait interrompue par inadvertance. Dans cet état d'esprit, je m'approchai de ce coin du jardin où elle s'était tenue avec moi, de ce coin tranquille et ombragé, qui désormais resterait gravé dans ma mémoire à cause d'elle qui...

Je m'arrêtai brusquement à la vue de deux silhouettes, l'une avec la casquette et le tablier d'une servante et l'autre avec la magnifique peluche et la tresse froide d'un valet de pied ; et ils se tenaient à l'endroit même où Lisbeth et moi nous étions tenus, et dans presque la même attitude : c'était une profanation. Je restai immobile malgré les tiraillements frénétiques du diablotin sur mon manteau, tous les autres sentiments engloutis dans un ressentiment à moitié amusé. Ainsi, le resplendissant valet de pied tourna la tête, m'aperçut aussitôt, et ôtant son bras recouvert de peluche de la taille de la belle servante, et doublant ses poings, s'avança vers nous avec un air vraiment terrible.

"Et quel pourrait être votre jeu ?" » demanda-t-il de cet air hautain inséparable de la peluche et du galon d'or ; "Oh, je connais votre espèce, je le sais, je vous connais !"

"Alors, mon ami," dis- je, "je ne te connais pas, par Thor, je le jure et par Og le Terrible, roi de Bashan!"

"' Ogs , c'est ça ?" dit-il avec indignation, n'essayez pas de m'en prendre à vous avec vos amis ; non, ni encore avec vous , les gars ! La question est : pourquoi êtes-vous en train de vous embêter ici ? Maintenant, peut-être trompé par mon attitude pacifique, ou inspiré par les yeux brillants de la jolie servante, il m'a saisi, sans trop de douceur, par le col, au grand désarroi horrifié du diablotin.

"Non, mais je le ferai, te donner de l'argent..."

"Vous allez venir à la maison avec moi, et pas de bêtises fleuries non plus, n'est -ce pas ?"

"Alors dois-je te frapper pour un chien barbare... donc... un esclave ignoble... va-t'en !" Avec quoi j'ai délivré ce que l'on appelle techniquement dans les milieux « sportifs » un « crochet droit à l'oreille », suivi d'un « coup gauche au menton », et mon agresseur a immédiatement disparu derrière un buisson, avec un éclair de mollets de soie rose et chaussures à boucles. Puis, tandis que la belle servante remplissait l'air de ses lamentations, le diablotin et moi courions d'un pas brûlant vers le mur sur lequel je l'avais enroulé le cou et la cravache, et nous partions pêle-mêle le long du sentier de la rivière.

"Oh, oncle Dick," haletait-il, "comme... comme tu vas bien ! tu as fait tomber ce valet de pied, je veux dire le valet, de sa selle comme... comme n'importe quoi. Oh, j'aimerais que tu joues comme ça tous les soirs !"

"Dieu nous en garde!" m'exclamai-je avec ferveur.

Arrivés enfin au portail du bosquet, nous nous arrêtâmes un moment pour reprendre notre souffle.

"Oncle Dick", dit le diablotin en me regardant d'un œil pensif, "as-tu vu son bras, je veux dire avant de le frapper 'hanche et cuisse'?"

"Je l'ai fait."

"C'était autour de sa taille."

"Im, ça l'était."

"Tout comme celui de Peter ?"

"Oui."

"Et l'homme avec ce drôle de nom ?"

" Chez Archibald, oui. "

"Un'- un- "

"Et le mien", ai-je ajouté, voyant qu'il faisait une pause.

"Oncle Dick, pourquoi ?"

"Ah ! qui sait, Diablotin, c'était peut-être la magie de la Lune. Et maintenant, ma foi ! Il est temps que tous les bons chevaliers ronflent, alors bon pour le lit et le monde du sommeil !"

L'échelle fut arrachée de sa cachette, et le diablotin, une fois monté, me regarda de sa fenêtre tandis que je la remettais aux lauriers pour des raisons très évidentes.

"Nous n'avons vu aucune fée, n'est-ce pas, oncle Dick ?"

"Eh bien, je pense que je l'ai fait, Lutin, juste pour un instant ; je me suis peut-être trompé, bien sûr, mais en tout cas, ce fut quand même une nuit très merveilleuse. Et donc... que Dieu vous repose, beau chevalier !"

V
L'ÉPISODE DE LA TANTE DE L'INDIEN

Le soleil brillait, comme tout soleil qui se respecte, par un bel après-midi d'août ; pourtant, sa chaleur était tempérée par une brise douce et fraîche qui remuait les feuilles au-dessus de ma tête. La rivière était occupée à chuchoter beaucoup de choses aux roseaux, des choses qui, si j'avais été assez sage pour les comprendre, auraient pu m'aider à écrire de nombreux livres merveilleux, car, comme elle est si ancienne et qu'elle a tant vu et entendu tant de choses, c'est naturellement très sage. Mais hélas! étant ignorant du langage des rivières, je devais me contenter de mes propres rêves et de la grande grenouille mouchetée qui était assise à côté de moi, observant le débit de la rivière avec ses grands yeux cerclés d'or.

Il était assez heureux, j'en étais sûr. Il y avait une satisfaction complaisante dans chaque ligne de son corps gras et marbré. Et tandis que je l'observais, mon esprit revint très naturellement aux « Pickwick Papers » et je répétai l'ode immortelle de Mme Lyon-Hunter, en commençant :

Puis-je te voir haletant, mourant ,
Sur une bûche, Grenouille expirante !

La grosse grenouille verte à côté de moi écoutait avec une attention polie, mais, dans l'ensemble, semblait étrangement impassible. Me souvenant du livre dans ma poche, je l'ai sorti ; un vieux livre, à la couverture de cuir usé, qui est passé entre de nombreuses mains depuis sa première publication, il y a plus de deux cents ans.

En effet, c'est un livre merveilleux et des plus délicieux, connu dans le monde entier sous le nom de "The Compleat Angler", dans lequel, certes, on peut lire quelque chose sur le poisson et la pêche, mais davantage sur l' adorable moi du vieil Izaac , ses ruisseaux ensoleillés et ses piscines ombragées, ses laitières plantureuses, ses auberges séquestrées, et ses aimables animadversions envers les hommes et les choses en général. Pourtant, comme je l'ai dit, il parle parfois de poisson et de pêche, et entre autres choses, concernant les grenouilles vivantes comme appâts, après avoir décrit la méthode la plus appropriée pour en empaler une sur l'hameçon, il termine par cette injonction :

Traitez-le comme si vous l'aimiez, pour qu'il vive plus longtemps !

Jusqu'à présent, la grenouille avait conservé une attention polie d'une manière hautement honorable pour son éducation, mais cela s'est avéré trop ; ses sentiments surchargés jaillirent de lui dans un coassement rauque, et il disparut dans la rivière avec un clapotis.

« Bonjour, oncle Dick ! » » dit une voix à mon côté, et en regardant autour de moi, j'aperçus Dorothy. Sous un bras, elle portait le chaton pelucheux et, dans l'autre main, un morceau de papier.

« J'ai promis à Reginald de vous donner ceci, » continua-t-elle, « et – oh oui – je devais dire « Hist ! d'abord."

"Vraiment ! Et pourquoi dis-tu ' Hist ' ?"

« Oh, parce que tous les Indiens disent toujours « Hist ! Vous savez."

"Bien sûr," répondis-je; "mais dois-je comprendre que vous êtes un Indien ?"

"Pas aujourd'hui", répondit Dorothy en secouant la tête. "La dernière fois que Reginald m'a peint, ma tante était terriblement en colère - il lui a fallu des siècles, à elle et à son infirmière, pour tout enlever - la peinture de guerre, je veux dire - alors j'ai peur de ne plus pouvoir être indienne!"

"C'est très dommage !" J'ai dit.

"Oui, n'est-ce pas ; mais personne ne peut être un chef indien sans peinture de guerre, n'est-ce pas ?"

"Certainement pas," répondis-je. "Vous semblez en savoir beaucoup sur ce sujet."

"Oh, oui," acquiesça Dorothy. "Reginald a un livre entièrement consacré aux Indiens et plein d'images - et voici la lettre", a-t-elle terminé en me le glissant dans la main.

En lissant ses nombreux plis et plis, j'ai lu ce qui suit :

À mon frère au visage de seau :

Avant une autre lune, Spotted Snaik sera sur le chemin de la guerre, et le goar rouge flottera dans des sacs pleins .

"Ça a l'air terrible, n'est-ce pas ?" dit Dorothy en serrant son chaton dans ses bras.

"Horrible!" Je suis rentré.

"Il l'a extrait du livre, vous savez," continua-t-elle, "mais j'ai ajouté la partie sur les seaux - un seau contient tellement de choses, vous ne trouvez pas ? Mais il y en a d'autres sur l'autre page. ". Docilement, je me tournai et lis :

" Avant une autre lune, les scalps pendent à la ceinture de Spotted Snaik , car dans ses pas se cachent la mort et la distruksion . Mais n'aie pas peur, tu es mon   frère,   juste   bien   .

Sined
SNAIK POINTÉ.

"Il y en avait beaucoup plus, mais nous n'avons pas pu l'introduire", a déclaré Dorothy. Coincé dans un coin, j'ai trouvé ce post-scriptum :

Si tu viens et deviens un chef indien unkel dick, je vais te fabriquer une lance, et tu pourras avoir du sang dans les yeux. C'était un bon gars et personne ne pouvait le battre à part Spotted Snaik , tu veux bien, Unkel Dick ?

"Il veut que vous écriviez une réponse, et je dois la lui apporter", a déclaré Dorothy.

« Du sang dans les yeux ! » Je répète; "Non, j'ai bien peur que non. Je ne devrais pas m'opposer autant à devenir une peau rouge - pendant un certain temps - mais du Sang dans les Yeux ! Vraiment, Dorothy, j'ai bien peur de ne pas pouvoir y arriver. ".

" Il était très courageux, " répondit Dorothy, " et terriblement fort, et pouvait... pouvait " lancer sa lance avec une visée si infaillible, qu'il clouait son ennemi à l'arbre le plus proche — en un clin d'œil. " C'est dans le livre, tu sais."

"Il doit certainement y avoir une grande satisfaction à épingler son ennemi contre un arbre", ai-je hoché la tête.

"Oui, je suppose", dit Dorothy d'un ton plutôt dubitatif.

« Et où est Spotted Snake — je veux dire, qu'est-ce qu'il fait ?

"Oh, il est au bord de la rivière avec son arc et ses flèches, à la recherche de canoës. C'était très amusant ! Il a tiré sur un homme dans un bateau - et a failli le toucher, et l'homme était vraiment très en colère, alors nous avons dû nous cacher parmi les buissons, comme de vrais Indiens. Oh, c'était bien !"

"Mais ta tante Lisbeth a dit que tu ne devais pas jouer près de la rivière, tu sais," dis-je.

"C'est ce que je lui ai dit", répondit Dorothy, "mais il a dit que les Indiens n'avaient pas de tantes, et puis je ne savais pas quoi dire. Qu'en penses-tu, oncle Dick ?"

"Eh bien," répondis-je, "maintenant j'y réfléchis, je ne me souviens pas avoir jamais entendu parler de la tante d'un Indien."

"Les pauvres choses !" » dit Dorothy en embrassant le chaton pelucheux entre les oreilles.

"Oui, c'est peut-être dur pour eux, et pourtant," ajoutai-je pensivement, "une tante est parfois une bénédiction plutôt mitigée. Pourtant, qu'un Indien possède ou non une tante, il n'en demeure pas moins que l'eau a la désagréable habitude de mouiller. un, et dans l'ensemble, je pense que je vais aller voir ce que fait Spotted Snake. »

"Alors je pense que je vais venir avec toi un peu", dit Dorothy alors que je me levais. "Tu vois, je dois apporter à Louise son lait de l'après-midi."

"Et comment va Louise ?" Demandai-je en tirant l' oreille la plus proche du chaton pelucheux .

"Très bien, merci", répondit modestement Dorothy; "mais oh mon Dieu ! les chatons 'sont une source constante d'inquiétude et d'anxiété !' Tante Lisbeth dit parfois cela à propos de Reginald et de moi. Je me demande ce qu'elle dirait si nous étions des chatons ! »

"Au revoir, où est ta tante Lisbeth ?" Ai-je demandé sur un ton strictement conversationnel.

"Eh bien, elle est allongée dans le vieux bateau."

"Dans le vieux bateau !" Je répète.

"Oui", acquiesça Dorothy; "Quand il fait beau, chaud et endormi, comme aujourd'hui, elle prend un livre, un oreiller et un parasol, et elle va s'allonger dans le vieux bateau sous l'escalier d'eau. Là, regarde cette coquine Louise !" » elle s'interrompit tandis que le chaton grimpait jusqu'à son épaule et restait là, se balançant très adroitement avec de curieux mouvements angulaires de sa queue ; "C'est parce qu'elle pense que j'ai oublié son lait, vous savez ; elle est terriblement impatiente, mais je suppose que je dois lui faire plaisir cette fois. Bon après-midi !" Et, après m'avoir tendu la main à sa manière sage et démodée, Dorothy s'est dépêchée, le chaton toujours perché sur son épaule, sa queue tremblant spasmodiquement à chaque pas.

Peu de temps après, j'arrivai en vue des escaliers d'eau, mais bien que je m'arrêtai plus d'une fois pour regarder autour de moi, je ne vis aucun signe du diablotin. Pensant qu'il était très probablement « en embuscade » quelque part, j'ai continué mon chemin, sifflant un air de « La Geisha » pour attirer son attention. Dix minutes ou plus s'écoulèrent cependant sans aucun signe de lui, et j'étais déjà près de l'escalier, lorsque j'arrêtai d'un coup de siffler et, retenant mon souffle, me glissai en avant sur la pointe des pieds.

Là, devant moi, se trouvait le vieux bateau, et à l'intérieur, la joue sur un coussin cramoisi et le soleil faisant honneur à ses cheveux ébouriffés, se trouvait Lisbeth, endormie.

M'approchant aussi près que je l'osais de peur de la réveiller, je m'assis, allumai ma pipe et me mis à l'observer : l'ombre recourbée de ses cils, l'éclat des dents entre l'écarlate de ses lèvres entrouvertes et le douce ondulation de sa poitrine. Et des lourdes tresses de ses cheveux, mon regard se dirigea vers la petite chaussure beige qui me regardait sous sa jupe, et je me rappelai comment Goethe avait dit :

"Un joli pied n'est pas seulement une joie continuelle, mais c'est le seul élément de beauté qui défie les assauts du temps."

Parfois, un papillon passait, une abeille remplissait l'air de son drone, ou un oiseau s'installait un instant sur les escaliers voisins pour lisser une plume ébouriffée, tandis que doux et somnolent avec la distance parvenait le rugissement incessant du barrage.

Je ne sais pas combien de temps j'étais resté assis ainsi, suprêmement content, quand je fus soudain réveillé par un bruissement à portée de main.

" Hist !"

Je levai brusquement les yeux et vis une tête, une tête ornée de plumes diverses, et un visage hideusement strié de peinture rouge et verte ; mais il n'y avait aucun doute sur ces boucles dorées : c'était le Diablotin !

" Hist !" » répéta-t-il en faisant sortir le mot avec un sifflement prolongé, et puis – avant même que je puisse deviner son intention – il y eut la lueur rapide d'un couteau, un clapotis du peintre sectionné, et attrapé par la marée, le vieux bateau s'élança. , et était à la dérive.

Le diablotin regardait son œuvre avec de grands yeux, puis, alors que je me levais d'un bond, quelque chose dans mon regard sembla l'effrayer, car sans un mot, il se retourna et s'enfuit. Mais toute mon attention était concentrée sur le bateau, qui dérivait lentement au milieu du courant avec Lisbeth encore profondément endormie. Et alors que j'observais sa lente progression, avec un frisson soudain, je me souvins du barrage, qui écumait et rugissait à seulement un demi-mile de là. Si le bateau était entraîné là-dedans...!

Maintenant, je suis tout à fait conscient que dans ces circonstances, la chose juste et appropriée que j'aurais fait aurait été de jeter mon manteau, d'arracher mes bottes, etc., et de « affronter hardiment le flot d'écume ». Mais je ne l'ai fait ni l'un ni l'autre, pour la simple raison qu'une fois dans le « déluge d'écume » mentionné ci-dessus, il y aurait eu très peu de chances que j'en ressorte un jour, car – permettez-moi de l'avouer en rougissant de honte – je ne suis pas un nageur. .

Pourtant, je n'étais pas inactif, bien autrement. Après avoir jugé la distance entre le bateau à la dérive et la berge, je me suis mis à courir, à la recherche de ce que je voulais. Et bientôt, bien sûr, je le trouvai : un grand chêne têtard, poussant au bord de l'eau, cet arbre identique aux branches « collantes » qui a déjà figuré dans ces récits comme la cachette d'un certain couple. de bas de soie.

Me relevant précipitamment, je me mis à califourchon sur la branche la plus basse, qui dépassait au-dessus de l'eau. J'avais éloigné le bateau de quelques centaines de mètres et, assis là, j'observais sa dérive, une minute pleine d'espoir, et la suivante tout aussi misérablement incertaine. Mon intention évidente était de ramper sur la branche jusqu'à ce qu'elle se plie sous mon poids, et ainsi de me laisser entrer ou aussi près que possible du bateau. C'était proche maintenant, si proche que je pouvais voir l'éclat des cheveux de Lisbeth et la pointe de la petite chaussure beige. Les yeux rivés sur cela, je me tordais le long de la branche, qui se courbait de plus en plus à mesure que j'approchais de l'extrémité. Ici, je restais accroché, me balançant de haut en bas et d'avant en arrière d'une manière très désagréable, en attendant le moment crucial.

Jamais sur toute cette terre ronde rien n'a rampé comme ce bateau. Il y avait une délibération majestueuse dans son déroulement qui m'a vraiment rendu fou. Je me souviens d'avoir lu un jour quelque part un article sur la « Sensibilité des choses matérielles », ou quelque chose du genre, que j'avais oublié depuis longtemps, mais alors que j'étais là, suspendu entre ciel et terre, il me revint avec précipitation. , et j'étais parfaitement certain que, reconnaissant ma position précaire, ce vieux bateau usé par le temps avait freiné sa vitesse par « pure injure ».

Mais tout a une fin, et ainsi, peu à peu, l'arc émoussé s'est rapproché jusqu'à se retrouver à l'ombre même de mon arbre. Saisissant la branche, je me laissai balancer à bout de bras ; et puis j'ai découvert que j'étais au moins un pied trop près de la berge. M'approchant donc encore plus loin le long de la branche, je donnai un coup de pied dans un effort désespéré pour atteindre le bateau et, la branche se balançant avec moi, attrapai mon orteil à l'intérieur du plat-bord, le tirai sous moi et, perdant ma prise, fut étendu sur mes mains et mes genoux, mais en sécurité à bord.

Me relever fut l'affaire d'un instant, mais à peine l'avais-je fait, que Lisbeth ouvrit les yeux et se redressa et regarda autour d'elle.

"Pourquoi... où suis-je ?" s'exclama-t-elle.

"Sur la rivière", répondis-je joyeusement. "Glorieux après-midi, Lisbeth, n'est-ce pas ?"

"Comment diable es-tu arrivé ici ?" elle a demandé.

"Eh bien," répondis-je, "je pourrais dire que je suis passé pour ainsi dire." Lisbeth écarta les cheveux de ses tempes et se tourna vers moi d'un geste impérieux.

"Alors s'il te plaît, ramène-moi immédiatement", dit-elle.

"Je voudrais volontiers," répondis-je, "seulement que vous ayez oublié d'apporter les rames."

"Eh bien, nous sommes à la dérive !" dit-elle en me regardant avec des yeux effrayés et en joignant nerveusement les mains.

"Nous le sommes", j'ai hoché la tête; "Mais alors, c'est un temps parfait pour faire du bateau, Lisbeth !" Et je me mis à chercher quelque chose qui pourrait servir de pagaie. Mais les civières avaient disparu depuis longtemps : la vieille baignoire était pour ainsi dire une véritable carcasse. Une tentative de déchirer une planche de plancher n'a abouti qu'à un ongle cassé et à des saignements de doigts ; alors j'ai renoncé immédiatement et, retroussant mes manches, j'ai essayé de pagayer avec mes mains. Mais trouvant cela également futile, je repris mon habit et sortis la pipe et le tabac.

"Oh, Dick ! tu ne peux rien faire ? " » demanda-t-elle en essayant courageusement de calmer le frémissement de sa voix.

"Avec ta permission, je fumerai, Lisbeth."

"Mais le barrage !" elle a pleuré; "As-tu oublié le barrage ?"

"Non", répondis-je en secouant la tête; "Il a une façon de s'imposer à l'attention de quelqu'un..."

"Oh, ça a l'air odieux, odieux !" dit-elle avec un frisson.

"Comme un vent fort parmi les arbres !" J'ai hoché la tête en remplissant ma pipe. Nous approchions d'une partie de la rivière où elle fait un virage serré vers la droite ; et je savais bien ce qu'il y avait au-delà : la rangée de poteaux peints en blanc, avec l'écume et les bulles d'eau bouillonnante en dessous. Nous devrions contourner ce virage dans une dizaine de minutes, estimai-je ; bien avant, nous pourrions voir un bateau, bien sûr ; sinon, eh bien, si le pire arrivait, je ne pourrais que faire de mon mieux ; en attendant, je fumais la pipe ; mais j'avoue que mes doigts tremblaient lorsque je frappais une allumette.

"Ça a l'air horriblement proche !" dit Lisbeth.

"Le son est très trompeur, vous savez," répondis-je.

"Le mois dernier encore, un bateau a coulé et l'homme s'est noyé !" frémit Lisbeth.

"Pauvre gars !" J'ai dit. « Bien sûr, c'est différent la nuit – la rivière est alors terriblement déserte, vous savez, et… »

"Mais c'est arrivé en plein jour !" dit Lisbeth presque à voix basse. Elle était assise à demi tournée de moi, le regard fixé sur le coude de la rivière, et par hasard sa main agitée avait trouvé et commencé à tâtonner le peintre coupé.

Nous dérivâmes donc, observant les berges glissantes, tandis qu'à chaque instant le rugissement du barrage devenait plus fort et plus menaçant.

"Dick," dit-elle soudainement, "nous ne pourrons jamais traverser cet endroit horrible sans rames !" et elle commença à faire des nœuds, la corde avec des doigts qui tremblaient pitoyablement.

"Oh, je ne sais pas !" Je revins avec une illusion d'aisance que j'étais bien loin de ressentir ; "et puis, bien sûr, nous rencontrerons forcément un bateau ou quelque chose comme ça..."

"Mais supposons que ce ne soit pas le cas ?"

"Oh, eh bien, nous n'en sommes pas encore là – et euh – parlons de poisson."

" Ah, Dick, " s'écria-t-elle, " comment pouvez-vous traiter la question avec autant de légèreté alors que nous risquons de nous jeter si bientôt dans cette horrible eau ! Nous ne pourrons jamais passer ce barrage sans rames, et vous le savez, et - et — oh, Dick, pourquoi as-tu fait ça ? Comment as-tu pu être si en colère ?

"Faire quoi?" Ai-je demandé en regardant fixement.

D'un geste soudain, elle se mit à genoux et me fit face.

"Ce!" s'écria-t-elle en soutenant le peintre sectionné. "Il a été coupé ! Oh, Dick ! Dick ! comment as-tu pu être si en colère."

« Lisbeth ! » m'écriai-je, " veux -tu dire que tu penses..."

"Je sais!" elle entra, se détourna et cacha son visage dans ses mains. Nous n'étions plus très loin du virage à présent, et voyant cela, une inspiration soudaine me vint, au moyen de laquelle je pourrais prouver une fois pour toutes son intention à mon égard ; et comme elle s'agenouillait devant moi, le visage détourné, je me penchai en avant et pris ses mains dans les miennes.

« Lisbeth, dis-je, si j'avais laissé le bateau à la dérive comme un… un imbécile, mettant ta vie en danger pour un caprice fou et irréfléchi, pourrais-tu me pardonner ?

Elle resta un long moment sans répondre, puis très lentement elle releva la tête :

"Oh, Dick !" C'est tout ce qu'elle a dit, mais dans ses yeux j'ai lu la merveille des merveilles.

"Mais, Lisbeth," balbutiai-je, "pourrais-tu encore m'aimer... même... même si, par ma folie, le pire devait arriver et que nous... nous..."

"Je ne pense pas que j'aurai autant peur, Dick, si tu me serres contre toi comme ça", murmura-t-elle.

La voix du barrage s'était transformée en un rugissement à présent, mais je n'y prêtais guère attention ; pour moi, toute peur était engloutie dans un grand bonheur émerveillé.

"Dick," murmura-t-elle, "tu me serreras fort, tu ne me laisseras pas partir quand—quand—"

"Jamais", répondis-je; "rien ne pourra plus jamais t'enlever de moi maintenant." Tandis que je parlais, je levai les yeux et, regardant autour de moi, je vis quelque chose qui changeait tout l'aspect des choses, quelque chose qui changeait la tragédie en comédie en un instant : un bateau approchait lentement au détour d'un virage.

"Lisbeth, lève les yeux !" Avec un soupir, elle obéit, son fermoir se resserrant sur le mien et une terrible attente dans les yeux. Puis tout à coup, cela disparut, ses joues pâles devinrent tout à coup écarlates et elle glissa de mes bras ; et ensuite j'ai remarqué avec quelle précaution ses yeux évitaient les miens.

Le bateau apparut lentement, poussé par celui qui ramait avec exactement cette quantité d'éclaboussures qui parle le véritable Cockney. Au prix de beaucoup d'efforts et d'éclaboussures supplémentaires, il se rangea bientôt à côté de moi en réponse à mon appel.

" Alors ... un accident ?" s'enquit-il.

"Quelque chose dans le genre", ai-je hoché la tête. "Auriez-vous la gentillesse de nous remorquer jusqu'à la rive là-bas ?"

" Je pense à obliger !" il sourit, et après avoir solidarisé le peintre, il entreprit de nous éclabousser sur la terre ferme. Ce qui fait, il sourit de nouveau, agita son chapeau et éclaboussa son chemin. J'ai sécurisé le bateau et me suis tourné vers Lisbeth. Elle regardait ailleurs vers le barrage.

"Lisbeth", ai-je commencé.

"Je pensais tout à l'heure que... que c'était la fin !" dit-elle en frissonnant.

« Et dans de tels moments, ajoutai-je, on dit parfois des choses qu'on n'aurait pas dites dans des circonstances ordinaires. Ma chère, je comprends très bien, et j'essaierai d'oublier, n'ayez pas peur.

"Penses-tu que tu peux ?" » demanda-t-elle en se tournant vers moi.

"Je ne peux qu'essayer", répondis-je. Maintenant que je parlais, je n'en étais pas sûr, mais je pensais voir le pâle fantôme de la fossette près de sa bouche.

Nous marchâmes côte à côte le long du sentier de la rivière, la plupart du temps très silencieusement, mais plus d'une fois je la surpris à me regarder à la dérobée et d'un air perplexe.

"Bien?" Dis-je enfin, timidement.

"Je me demandais pourquoi tu as fait ça, Dick ? Oh, c'était méchant ! cruel ! méchant ! Comment as-tu pu le faire ?"

"Oh, eh bien" - et j'ai haussé les épaules, anathématisant mentalement le diablotin pendant ce temps.

"Si je n'avais pas remarqué que la corde était fraîchement coupée, j'aurais cru à un accident", poursuivit-elle.

"Naturellement!" J'ai dit.

"Et puis, encore une fois, comment es-tu arrivé dans le bateau ?"

"Être sûr!" J'ai hoché la tête.

« Pourtant, j'ai du mal à croire que vous mettiez volontairement en danger nos deux vies – ma vie !

"Un homme qui ferait une chose pareille", m'exclamai-je, emporté par le feu de l'action, "serait un—un—"

"Oui," dit rapidement Lisbeth, "il le ferait."

"— Et absolument au-delà de tout pardon !"

"Oui," dit Lisbeth, "bien sûr."

"Et," je recommençais, mais rencontrant son regard inquisiteur, je m'arrêtai. "Et tu m'as pardonné, Lisbeth," finis-je.

"Ai-je?" dit-elle en haussant les sourcils.

"N'est-ce pas ?"

"Je ne m'en souviens pas."

"Dans le bateau?"

« Je ne l'ai jamais dit ?

"Pas en mots, peut-être, mais vous l'avez laissé entendre." Lisbeth eut la grâce de rougir.

"Est-ce que je comprends que je ne suis pas pardonné après tout ?"

"Pas avant que je sache pourquoi tu as fait un tour aussi fou et irréfléchi", répondit-elle avec ce menton déterminé que je connaissais si bien.

Que je doive ainsi assumer la responsabilité des méfaits du Diablotin était ridicule, et injuste car si jamais un garçon méritait d'être puni, c'était bien le Diablotin. Et pourtant, probablement parce qu'il était le diablotin, ou à cause de cet honneur d'écolier qui interdit de « se faufiler » et que je portais toujours avec moi, je me taisais ; voyant cela, Lisbeth se tourna et me quitta.

Je me tenais là où j'étais, la tête penchée dans une attitude évoquant l'innocence, les espoirs brisés et la douce résignation, mais en vain ; elle n'a jamais regardé en arrière. Pourtant, si martyr que j'étais, le fait de savoir que je m'étais immolé sur l'autel de l'amitié me remplissait d'un sentiment de vertu consciente qui ne me déplaisait pas. Cependant, voyant que je ne suis qu'un humain après tout, je me suis assis et, remplissant ma pipe, je suis tombé une fois de plus, anathématisant le diablotin.

" Hist !"

Une petite forme flotta derrière un arbre adjacent, et voilà ! le sujet de mes pensées se tenait devant moi.

Imp', j'ai dit "viens ici". Il obéit volontiers. "Quand vous avez coupé cette corde et laissé votre tante Lisbeth à la dérive, vous ne vous souveniez pas de l'homme qui s'est noyé dans le barrage le mois dernier, n'est-ce pas ?"

"Non!" » répondit-il en le regardant.

"Bien sûr que non," j'acquiesçai ; mais ce n'est tout de même pas de votre faute si votre tante Lisbeth ne s'est pas noyée, tout comme lui.

"Oh!" s'exclama le diablotin, et son arc bien-aimé glissa de ses doigts sans nerfs.

"Imp," continuai-je, "c'était une mauvaise chose de couper cette corde, un truc méchant et cruel, tu ne penses pas ?"

"Je crois que c'était le cas, oncle Dick."

"Tu ne penses pas que tu devrais être puni ?" Il acquiesca. "Très bien", répondis-je, "je te punirai moi-même. Va me couper une belle baguette bien droite", et je lui tendis mon canif ouvert. Les yeux ronds, le Diablotin obéit, et pendant un instant il y eut un prodigieux craquement et claquement de bâtons. Peu de temps après, il revint avec trois, et la lame de mon couteau fut également cassée, ce dont il s'excusa abondamment.

"Maintenant," dis-je en choisissant l'arme la plus adaptée à cet effet, "je vais vous frapper fort des deux côtés avec ce bâton, si vous pensez que vous le méritez."

"Tante Lisbeth a-t-elle failli se noyer, vraiment ?" s'enquit-il.

"Très presque, et n'a été sauvé que par hasard."

"Très bien, oncle Dick, frappe-moi", dit-il en tendant la main. Le bâton siffla et tomba une fois deux fois. J'ai vu son visage devenir écarlate et les larmes lui monter aux yeux, mais il n'a émis aucun son.

"Est-ce que ça fait très mal, mon Diablotin ?" Ai-je demandé en jetant le bâton de côté. Il hocha la tête, n'ayant pas confiance en lui pour parler, tandis que je me tournais pour allumer ma pipe, gaspillant trois allumettes en vain.

"Oncle Dick," éclata-t-il enfin, luttant vaillamment contre ses sanglots, "Je... je suis horrible ... désolé..."

"Oh, tout va bien maintenant, Diablotin. Serre-toi la main !" Avec joie, les petits doigts crasseux ont serré les miens, et à partir de ce moment, je pense qu'une nouvelle entente s'est développée entre nous.

"Eh bien, Lutin, ma chérie, tu pleures !" » s'écria une voix, et avec un bruissement de jupes, Lisbeth se retrouva à genoux devant lui.

"Je sais que je le suis ... parce que je suis vraiment désolé... et oncle Dick m'a fouetté les mains et je suis content !"

« Vous avez fouetté les mains ? s'écria Lisbeth en le serrant plus fort et en me regardant, "Vous avez fouetté les mains, comment ose-t-il ! Pour quoi faire ?"

" Parce que j'ai coupé la corde et que j'ai laissé le bateau partir avec toi, et que tu aurais pu être noyé mort dans le barrage, et je suis horrible , content qu'oncle Dick m'ait fouetté."

"Ohh!" s'exclama Lisbeth, et ce fut un très long "oh!" en effet.

"Je ne sais pas ce qui m'a poussé à faire cela", a poursuivi le diablotin. "Je crois que c'était mon nouveau couteau – il était tellement tranchant , tu sais."

"Eh bien, tout va bien maintenant, mon diablotin," dis-je, cherchant une allumette d'une manière singulièrement maladroite. "Si vous me le demandez, je pense que nous sommes tous meilleurs amis que jamais – ou devrions l'être. Je sais que je devrais encore plus aimer votre tante Lisbeth qu'avant , et prendre plus soin d'elle, si j'étais vous. Et... et maintenant emmène-la prendre le thé, mon diablotin, et... et veille à ce qu'elle ait suffisamment à manger," et soulevant mon chapeau, je me détournai. Mais Lisbet était à côté de moi, et sa main était sur mon bras avant que j'aie parcouru un mètre.

"Nous prenons le thé au même endroit, sous les arbres. Si vous le vouliez, le voudriez-vous ?"

"Oui, fais-oh, fais, oncle Dick!" s'écria le diablotin. "Je vais dire à Jane de te préparer une place", et il bondit.

"Je ne l'ai pas frappé très fort", dis-je, brisant un silence quelque peu gênant ; "mais vous voyez qu'il y a certaines choses qu'un gentleman ne peut pas faire. Je pense qu'il comprend maintenant."

"Oh, Dick !" dit-elle très doucement ; " et dire que je pouvais imaginer que vous aviez fait une telle chose - vous ; et penser que vous devriez me laisser penser que vous aviez fait une telle chose - et tout cela pour protéger ce diablotin ? Oh, Dick ! pas étonnant qu'il aime tant Il ne parle jamais de personne d'autre que de vous. Je deviens parfois très jaloux. Mais, Dick, comment êtes-vous monté dans ce bateau ? »

"Au moyen d'un arbre aux branches 'collantes'."

"Voulez-vous dire... "

« Comme je vous l'ai déjà dit, je suis passé, pour ainsi dire. »

"Mais et si tu avais glissé ?"

"Mais je ne l'ai pas fait."

"Et tu ne sais pas nager!"

"Pas que je sache de."

"Oh, Dick ! peux -tu un jour me pardonner ?"

"À trois conditions."

"Bien?"

"D'abord, que tu me laisses me souvenir de tout ce que tu m'as dit pendant que nous dérivions vers la rivière."

"Ça dépend, Dick. Et la seconde ?"

« La seconde réside dans le fait que non loin du village de Down, dans le Kent, se dresse une vieille maison – un vieil endroit pittoresque qui manque désespérément de quelqu'un pour y vivre – une vieille maison qui est seule pendant un certain temps. la douce présence d'une femme et ses mains douces et occupées, Lisbeth !"

"Et le troisième ?" » demanda-t-elle très doucement.

« Vous pouvez sûrement le deviner ?

"Non, je ne peux pas, et en plus, il y a Dorothy qui arrive... et... oh, Dick !"

"Eh bien, ma tante", s'écria Dorothy en s'approchant, "comme tu es rouge !
Je savais que tu prendrais un coup de soleil en étant allongée dans ce vieux
bateau sans parasol ! Mais alors, elle le fera, oncle Dick - oh , elle le fera !"

VI
LE HORS-LA-LOI

Tout le monde connaissait le vieux Jasper Trent, le vétéran de Crimée qui avait aidé à vaincre les « Roosiens et les Proosiens » et qui, selon la rumeur, avait plus de blessures sur son corps usé et courbé qu'il n'y avait de mois dans l'année.

Le village tout entier était fier du vieux Jasper, fier de son âge, fier de ses blessures et fier des médailles qui brillaient resplendissantes sur sa poitrine rétrécie.

N'importe quel jour, on aurait pu le voir clopinant au bord de la rivière ou bricolant parmi les fleurs de son petit jardin, mais le plus souvent encore assis sur le banc au soleil près de la porte des « Trois joyeux pêcheurs ».

En effet, ils formaient un couple parfait, le vieux soldat usé et l'ancienne auberge, tous deux en retard sur leur temps, rêvant du passé plutôt que de l'avenir ; ce qui me semblait comme un lien invisible entre eux. Ainsi, lorsque le vieux Jasper tomba malade et qu'il se mit au lit, le fit déplacer en face de la fenêtre où il pouvait s'allonger les yeux sur les pignons délabrés de l'auberge - pour ma part, je pouvais en comprendre la raison.

Les Three Jolly Anglers sont en effet anciens, ses premiers enregistrements ont été perdus depuis longtemps sous la poussière des siècles ; pourtant les années n'ont fait que l'adoucir. Les hommes ont vécu et sont morts, les nations ont connu des hauts et des bas, toujours debout, inchangés au bord du fleuve, observant la Grande Tragédie que nous appelons « Vie » avec ce même regard de sagesse suprême, cet air mi-excité, mi-bon, dont j'ai déjà parlé une fois auparavant.

Je pense que de telles auberges doivent exercer une influence subtile sur ceux qui se réunissent régulièrement dans leurs murs, ces Fils du Sol, aux mains cornées, et pour la plupart à la tête grise et courbée, qui suivent beaucoup la charrue. Leur voix est calme et leurs gestes profondément posés, tandis que sur leurs fronts ridés trône cet esprit de calme contentement qu'il est donné à si peu d'entre nous de connaître.

Le principal d'entre eux, et tenu en beaucoup de respect, était le vieux Jasper Trent. Dans leur cercle, il avait l'habitude de s'asseoir confortablement dans son fauteuil près du foyer, son usage et sa coutume de longue date, et de ne pas être usurpé ; et tandis que la fumée s'élevait lentement de leurs fourneaux de pipe et que la bière moussait dans des chopes à leurs coudes, il racontait quelque histoire de bataille et de mort subite, tantôt dans les tranchées glaciales devant Sébastopol, tantôt sur les hauteurs ensanglantées d' Inkermann. . Pourtant, et j'ai remarqué que c'était toujours vers la fin de sa deuxième chope, le vieil homme perdait le fil de son histoire, quelle qu'elle soit, et reprenait le sujet de « The Bye Jarge ».

Au début, j'étais naturellement perplexe quant à savoir de qui il pouvait parler, jusqu'à ce que M. Amos Baggett, le propriétaire, m'informe en douce que le "au revoir Jarge " n'était autre que le fils unique du vieux Jasper - un homme maintenant âgé d'une quarantaine d'années. — qui, bien que prometteur dans sa jeunesse ; avait « mal tourné » - et purgeait à ce moment-là une longue peine de prison pour cambriolage ; en outre, le jour de la condamnation de son fils, le vieux Jasper avait eu un « accident vasculaire cérébral » et n'était plus tout à fait le même par la suite, tout souvenir de l'événement étant complètement effacé de son esprit, de sorte qu'il persistait à penser et à parler de son fils. comme encore un garçon.

"C'était une merveille !" » disait-il en regardant autour de lui d'un œil enflammé ; "Je suis parti pour faire 'c'est une chance ', il l'a fait - oh ! ' Nous étions un genre si c'était ça, au revoir Jarge ! Toi, Amos Baggett, tu étais 'un genre ' ou ne l'étais pas."

"'E l'étais!" M. Baggett répondait avec un lent hochement de tête.

« Regardez , monsieur, est-ce que vous voyez cette horloge ? » - et il la pointait du doigt osseux et tremblant - « elle s'est arrêtée si... elle s'est trompée dans ses entrailles - elle ne bougerait pas. doigt - c'était mort ! Mais au revoir Jarge , tu l'as vu, tu l'as fait, jette-y un coup d'oeil , et sans plus que deux , et tu as recommencé , aussi bien que jamais : Toi, Silas Madden, tu te souviens quand il l'a fait avec deux et ? »

"'C'est deux' et!" Silas répétait solennellement.

"Et depuis, c'est parti !" le vieux Jasper croasserait triomphalement. "Oh ! Nous étions un genre où j'étais au revoir Jarge . Nous reviendrons vers notre vieux père , un jour , avec nos poches pleines d'argent et de billets de banque - je sais . —Je sais , le vieux Jasper n'est pas fou . "

Et là-dessus, élevant sa vieille voix cassée, il entonnait « The British Grenadiers », auquel les autres se joindraient bientôt avec vigueur, agitant leurs longues flûtes à l'unisson.

Ainsi, le vieil homme s'asseyait, chantant les louanges de son fils, tandis que ses auditeurs hochaient la tête solennellement, entretenant l'illusion innocente du vieux Jasper pour le bien de ses cheveux blancs et des médailles sur sa poitrine.

Mais maintenant, il souffrait de « rhumatismes », et d'après ce que Lisbeth m'a dit lorsque je l'ai rencontrée sur le chemin de son cottage, il était plus que probable que le fauteuil à haut dossier ne le reconnaîtrait plus. . Dès la maladie du vieil homme, Lisbeth s'était empressée de veiller à ce qu'il se sente à l'aise, car Jasper était un vieil homme solitaire ; elle avait installé une infirmière compétente à côté de lui et avait pris l'habitude matin et soir d'aller voir que tout allait bien. Bien. C'est pour cette raison que je m'assis sur la porte des Arbustes vers neuf heures d'un certain soir, balançant mes jambes et écoutant le bruit de ses pas le long du chemin. Au moment où elle arrivait, et descendant de mon perchoir, je pris le lourd panier de son bras, comme d'habitude.

"Dick", dit-elle alors que nous marchions côte à côte, "vraiment, je commence à m'inquiéter pour ce diablotin."

« Qu'a-t-il fait cette fois-ci ? J'ai demandé.

"J'ai peur qu'il soit malade."

"Il avait l'air tout sauf malade hier," répondis-je d'un ton rassurant.

"Oui, je sais qu'il a l'air en assez bonne santé", dit Lisbeth en fronçant les sourcils ; "Mais dernièrement, il a développé un appétit tellement énorme. Oh, Dick, c'est affreux !"

"Ma pauvre fille", rétorquai-je en secouant la tête, "le genre "Boy" se distingue par deux attributs, la saleté et l'appétit. Vous devriez le savoir à ce moment-là. J'ai moi-même des souvenirs déchirants d'énormes tas de pain et de beurre. , de vastes morceaux de gâteau – humides et « détrempés », et d'une teinte mystérieuse – de mélanges gluants prétendant être des « mâchoires en bâton », dont un pouce était garanti pour rendre un discours cohérent impossible pendant au moins dix minutes. joie de s'enfuir violemment à l'ombre du garde-manger, les oreilles tendues pour les ennemis ! Je me surprends parfois à soupirer à ce souvenir, même de nos jours. Ne vous inquiétez pas de l'appétit du diablotin, croyez-moi, c'est tout à fait normal. inutile."

"Oh, mais je n'y peux rien", dit Lisbeth ; " Cela semble en quelque sorte si... si bizarre. Par exemple, ce matin, pour le petit-déjeuner, il a d'abord mangé son porridge habituel, puis cinq morceaux de pain et de beurre, et après cela une grosse tranche de jambon — un assez gros morceau, Dick ! Et il a mangé tout cela si vite. Je me suis retourné pour demander le toast à Jane, et quand j'ai regardé à nouveau son assiette, elle était vide, il avait tout mangé, et j'ai même demandé plus. Bien sûr, j'ai refusé, alors il a essayé d'avoir Dorothy. pour lui donner le sien en échange d'un canif cassé. C'était pareil au dîner, il mangeait la cuisse entière d'un poulet, puis une aile, puis un peu de poitrine, et il aurait continué jusqu'à ce qu'il le fasse. j'aurais tout fini, j'en suis sûr, si je ne l'avais pas arrêté, même si je l'avais laissé manger aussi longtemps que j'osais. Puis, au thé, il a mangé six tranches de pain et de beurre, l'une après l'autre, sans compter les toasts et le gâteau. ... Il est comme ça depuis deux jours - et - oh, oui, la cuisinière m'a dit ce soir qu'elle l'avait trouvé en train de manger du pain sec juste avant de se coucher. Du pain sec - pensez-y ! Oh, Dick, qu'est-ce qu'il peut avoir ? »

"Cela semble certainement mystérieux", répondis-je, "surtout en ce qui concerne le pain sec; mais cela en soi suggère une théorie qui, comme le dit le détective dans l'histoire, "je ne la divulguerai pas encore" ; mais ne t'inquiète pas, Lisbeth, le diablotin va bien.

Étant maintenant arrivée à la maison du vieux Jasper, qui se trouve un peu à l'écart du village dans une ruelle, Lisbeth s'arrêta et tendit la main vers le panier.

" Ne m'attendez pas ce soir, " dit-elle, " j'ai ordonné à Peter de me chercher dans la charrette à chiens ; vous voyez, je peux être en retard. "

"Est-ce que le vieux type est si malade ?"

"Très, très malade, Dick."

« Pauvre vieux Jasper ! M'écriai-je.

« Pauvre vieux Jasper ! elle soupira et ses yeux étaient pleins de tendresse.

« Il est très vieux et très faible », lui dis-je en l'attirant contre moi, sous prétexte de lui tendre le panier ; "Et pourtant, avec ta main douce pour lisser mon oreiller et tes yeux pour regarder dans les miens, je pourrais presque souhaiter..."

"Chut, Dick!"

"Peter ou pas Peter, je pense que je vais attendre — à moins que tu souhaites vraiment que je te dise 'bonne nuit' maintenant ?" Mais d'un mouvement adroit, elle m'évita et, d'un geste de la main, elle remonta précipitamment le sentier bordé de roses.

Une heure, ou même deux, ne semblent pas si longues quand l'esprit est aussi plein de pensées heureuses que le mien. Ainsi, j'étais en train de remplir ma pipe et de chercher avec philosophie un endroit où je pourrais tenir ma veillée, quand j'entendis un bruissement à proximité, et alors que je regardais une petite silhouette sortir de l'ombre de la haie dans le clair de lune. .

"Bonjour, oncle Dick !" dit une voix.

"Lutin!" Je me suis exclamé : " Qu'est-ce que cela signifie ? Tu aurais dû être au lit il y a plus d'une heure ! "

"C'est ce que j'étais", répondit-il avec son sourire naïf; "seulement je me suis relevé, tu sais."

"Il semble donc!" J'ai hoché la tête.

"Et je t'ai suivi, ainsi que tante Lisbeth, tout le long du chemin aussi."

"Mais c'est vrai, par George !"

"Oui, et j'ai laissé tomber un des colis et j'ai perdu une saucisse, mais vous n'en avez jamais entendu parler."

"J'ai perdu une saucisse !" répétai-je en regardant fixement.

"Oh, tout va bien, tu sais", s'empressa-t-il de m'assurer ; "Je l'ai retrouvé, et il n'a pas été blessé du tout."

"Imp," dis-je sévèrement, "viens ici, je veux te parler."

"Juste une minute, oncle Dick, pendant que je récupère mes colis. Je veux que tu m'aides à les porter, s'il te plaît," et avec ces mots, il plongea sous la haie pour ressortir un instant plus tard avec les bras chargés de colis encombrants, qu'il a déposé à mes pieds d'affilée.

"Pourquoi, qu'est-ce que tu as là, Diablotin ?"

"Ceci", dit-il en désignant le premier, "c'est de la confiture, du jambon et un morceau de pain; le suivant, c'est des gâteaux et des sardines, et celui-là, c'est du pain et du beurre que j'ai gardé de mon thé."

"Toute une collection !" J'ai hoché la tête. "Supposons que vous me disiez ce que vous comptez en faire."

"Eh bien, ils sont pour mon hors-la-loi. Vous vous souvenez de l'autre jour où je voulais jouer aux hors-la-loi ? Eh bien, il y a deux jours, alors que je traquais un vil caitiff à travers les bois avec mon fidèle arc et mes flèches, j'ai trouvé un vrai hors-la-loi dans le vieux hangar à bateaux.

"Ah ! et comment est-il ?" J'ai demandé.

« Oh, tout comme un hors-la-loi – seulement drôle, vous savez, et « terriblement » affamé. Tous les hors-la-loi sont-ils toujours aussi affamés, oncle Dick ?

"Je crois que c'est généralement le cas, Diablotin. Et il a l'air 'drôle', dites-vous ?"

"Oui, je veux dire, ses vêtements sont drôles - partout des marques comme des petites croix, mais ce ne sont pas des croix."

"Comme ça?" J'ai demandé; et, prenant un morceau de bâton, je traçai une large flèche sur le chemin.

"Oui, juste comme ça !" s'écria le diablotin d'un ton étonné. "Comment le sais-tu ? Tu es terriblement intelligent, oncle Dick !"

"Et il est dans le vieux hangar à bateaux, n'est-ce pas ?" Dis-je en ramassant une brassée de colis. "'Allez, MacDuff!'"

« Faites attention à ce colis, s'il vous plaît, oncle Dick ; c'est celui dont j'ai laissé tomber et dont j'ai perdu la saucisse – celui-là essaie de s'échapper maintenant !

Après avoir réduit les saucisses récalcitrantes à un sens de la loi et de l'ordre, nous nous dirigeâmes vers le vieux hangar à bateaux – une affaire lugubre et démantelée, située à environ un demi-mile en aval.

"Et quel genre d'homme est votre hors-la-loi, Diablotin ?"

"Eh bien, je m'attendais à ce qu'il soit terriblement féroce et veuille me retenir contre une rançon, mais il ne l'a pas fait ; il est plutôt calme, pour un hors-la-loi, avec des cheveux gris et de grands yeux, et il mange énormément."

"Alors tu lui as gardé ton petit-déjeuner et ton dîner, n'est-ce pas ?"

"Oh, oui; et mon thé aussi. Tante Lisbeth était terriblement en colère parce qu'elle disait que je mangeais trop vite; et Dorothy avait peur et ne voulait pas s'asseoir à côté de moi parce qu'elle avait peur que j'éclate. " — tellement terriblement idiot de sa part ! »

"Au fait, tu ne m'as pas dit ce que tu as là", dis-je en désignant un énorme paquet de journaux déformé qu'il portait sous un bras.

"Oh, c'est une chemise, un manteau et un pantalon de Peter."

« Est-ce que Peter vous les a donnés ?

"'Bien sûr que non, je les ai pris. Vous voyez, mon hors-la-loi en avait assez d'être un hors-la-loi, alors il m'a demandé de lui procurer des 'togs', c'est-à-dire des vêtements, vous savez, alors je suis allé voir dans l'écurie et' j'ai trouvé ça."

"Tu ne veux pas dire que tu les as volés, Diablotin ?"

"'Bien sûr que non!" répondit-il avec reproche. « J'ai laissé à Peter six pence et un mot pour lui dire que je les paierais quand j'aurais mon argent de poche, alors aide-moi, Sam !

"Ah, bien sûr !" J'ai hoché la tête. Nous étions maintenant près du vieux hangar à bateaux et, à la demande sincère du diablotin, j'ai remis mes paquets et je me suis caché derrière un arbre, car, comme il l'a fait remarquer, « son hors-la-loi n'aimerait peut-être pas que je le voie au début ».

Après avoir ouvert chaque paquet avec grand soin et disposé leur contenu sur une bûche à proximité , le diablotin s'est approché du bâtiment en ruine avec les signes de la plus grande prudence et a donné trois doubles coups forts. Jetant alors mes yeux autour de moi, j'aperçus un bâton court et lourd, et le soulevant, je le tins dans ma main, prêt à faire face à d'éventuelles imprévus.

La situation était décidément désagréable, je l'avoue, car je m'attendais à rien de moins qu'à être engagé dans un corps à corps désespéré dans les prochaines minutes ; c'est pourquoi j'attendais dans une certaine attente, tendant les yeux vers les ombres, les doigts serrés sur mon gourdin.

Puis, tout à coup, j'ai vu une forme, fantomatique et indéfinie, sortir rapidement de l'obscurité du hangar à bateaux, et l'instant d'après, un forçat se tenait à côté du diablotin, maigre et grand et à l'air sauvage au clair de lune. Ses vêtements hideux, tachés de boue et de la bave verte de ses cachettes, pendaient sur lui en lambeaux, et ses yeux, profondément enfoncés dans son visage pâle, brillaient d'un éclat surnaturel tandis qu'il jetait un rapide coup d'œil autour de lui - un misérable, créature traquée, usée par la fatigue et pincée par le besoin et la souffrance.

"Tu les as eu , fiston ?" » demanda-t-il d'une voix rauque et rauque.

"Oui, oui, camarade", répondit le diablotin; "Tout va bien!"

"Bénis-toi pour ça, fiston!" s'exclama-t-il, et avec ces mots il se jeta sur la nourriture, dévorant chaque morceau qui lui était présenté avec une voracité effrayante, tandis que ses yeux brûlants et inquiets le fixaient, sans jamais s'arrêter un instant.

Maintenant que je remarquais sa forme décharnée et ses membres tremblants, je savais que je pouvais le maîtriser d'une seule main. Mon arme glissa de ma main relâchée, mais au bruit, si léger soit-il, il se retourna et se mit à courir. Cependant, il n'avait pas parcouru cinq mètres lorsqu'il trébucha et tomba, et avant qu'il ait pu se relever, je me trouvais au-dessus de lui. Il était allongé à mes pieds, parfaitement immobile, clignant des yeux rougeoyants.

« Très bien, maître, » dit-il enfin ; "tu m'as bien eu!" Mais avec ces mots, il s'est soudainement roulé vers la rivière, et pourtant, alors qu'il luttait pour se mettre à genoux, je l'ai de nouveau coincé.

"Oh, monsieur ! vous n'allez pas me livrer à eux ?" il haletait. "Je ne vous ai jamais fait de mal. Pour l'amour de Dieu, ne me renvoyez plus là-dessus, monsieur."

« Bien sûr que non », s'écria le diablotin en posant sa main sur mon bras ; "Ce n'est qu'oncle Dick. Il ne te fera pas de mal, n'est-ce pas, oncle Dick ?"

"Ça dépend," répondis-je en gardant fermement le col du manteau en lambeaux. "Dis-moi, qu'est-ce qui t'amène à traîner ici ?"

"J'avais l'habitude de vivre dans ces régions autrefois, maître."

"Qui es-tu?"

"Le condamné 49, qui s'est évadé de prison il y a plus d'une semaine, serait mort sans le petit homme là-bas," et il fit un signe de tête en direction du diablotin.

Le forçat, comme je l'ai dit, était un individu grand et maigre, avec un visage cadavérique bordé de souffrance, tandis que les cheveux de ses tempes étaient prématurément blancs. Et tandis que je le regardais, il me vint à l'esprit que la souffrance qui l'avait si profondément marqué n'était pas tout à fait l'angoisse la plus grossière du corps. Maintenant, pour notre criminel qui peut encore ressentir moralement, il y a sûrement de l'espoir. Je le pense en tout cas ! Pendant un long moment, il y eut un silence, pendant que je regardais le visage hagard en bas, et que le diablotin nous regardait tour à tour, complètement perdu.

"Je me demande si tu as déjà entendu parler de 'au revoir Jarge '," dis-je soudainement.

Le forçat sursauta si violemment que la veste se déchira sous ma main.

« Comment… comment saviez-vous… ? il haleta et me regarda avec la mâchoire baissée.

"Je pense que je connais ton père."

«Mon ami », marmonna-t-il; "Vieux Jasper, il n'est pas mort, alors ?"

"Pas encore", répondis-je; "Viens, lève-toi et je t'en dirai plus pendant que tu manges." Machinalement, il obéit, assis avec ses yeux brillants fixés sur mon visage pendant que je lui parlais de l'oubli et de la maladie actuelle du vieux Jasper.

"Alors je ne m'en souviens pas, car je suis un voleur et un condamné de 49 ans, maître ?"

"Non ; il pense et parle toujours de toi comme d'un garçon et d'un fils modèle."

L'homme poussa un cri étrange et, se jetant à genoux, enfouit son visage dans ses mains.

«Viens», dis-je en lui tapotant l'épaule; "Enlève ces choses", et faisant un signe de tête au diablotin, il commença immédiatement à déballer les vêtements de Peter.

" Quoi, maître, " s'écria le forçat en sursautant, " allez-vous me laisser me voir avant de m'abandonner ? "

"Oui," j'acquiesçai ; "seulement soyez rapide." En moins de cinq minutes, la tenue de prison en lambeaux gisait dans le lit de la rivière, et nous nous dirigeions vers la maison du vieux Jasper.

Le forçat ne parla qu'une seule fois, et cela alors que nous atteignions la porte du cottage : « est-il très malade, monsieur ?

"Très malade", dis-je. Il resta un moment debout, respirant à grandes respirations le parfum des roses et regardant autour de lui ; puis, d'un geste brusque, il ouvrit le petit portail, et, glissant dans l'allée, de son pas furtif et furtif, il frappa à la porte. Pendant une demi-heure, le diablotin et moi nous promenâmes çà et là au clair de lune, pendant laquelle il me raconta beaucoup de choses sur son hors-la-loi et sur les nombreuses « ruses qu'il avait employées pour se procurer des provisions ». Comment, une fois, pour échapper aux yeux vigilants de tante Lisbeth, il avait été obligé de cacher une tranche de tarte à la confiture dans les poches de son pantalon, au détriment de chacun ; comment Dorothy l'avait observé partout dans l'attente momentanée de « quelque chose qui se produisait » ; comment Jane, Peter et le cuisinier se levaient et le regardaient et secouaient la tête parce qu'il mangeait tellement, "et le pire, c'est que j'avais terriblement faim tout le temps, vous savez, oncle Dick !" C'est ce qu'il m'a dit et bien plus encore pendant que nous attendions là-bas au clair de lune.

Enfin, la porte de la chaumière s'ouvrit et le forçat sortit. Il ne nous rejoignit pas immédiatement, mais resta à regarder au loin vers la rivière, même si je le vis plus d'une fois passer sa manche sur ses yeux de sa manière furtive et furtive ; mais quand enfin il s'approcha de nous, son visage était ferme et résolu.

« As-tu vu le vieux Jasper ? J'ai demandé.

"Oui, monsieur; je l'ai vu."

"Est-ce qu'il va mieux ?"

"Beaucoup mieux, il est mort dans mes bras, monsieur. Et maintenant je suis prêt à rentrer, il y a un commissariat de police dans le village ." Il s'arrêta brusquement et se tourna pour regarder les fenêtres éclairées de la maison, et quand il reprit la parole, sa voix parut plus rauque que jamais.

"Je pensais que je reviendrais de Furrin , c'est ce que j'ai fait, avec mes poches remplies d'or et de billets de banque. Il m'a appelé "c'est au revoir Jarge" , c'est ce que j'ai fait !" et encore une fois, il passa son brassard sur ses yeux.

"Maîtres, je ne sais pas qui vous êtes, mais je vous suis reconnaissant et plus que reconnaissant, monsieur. Et maintenant, je suis prêt à y retourner et à terminer mon temps."

« Combien de temps cela dure-t-il ? »

"Trois ans, monsieur."

"Et quand tu sortiras, que feras-tu alors ?"

« Recommencez tout à zéro, monsieur ; essayez de trouver un travail honnête et de vivre honnêtement. »

"Penses-tu que tu peux ?"

"Je sais que je peux, monsieur. Vous voyez, il est mort dans mes bras, il m'a appelé 'c'est au revoir Jarge ', il a dit 'il était fier de moi', il l'a fait ! Un homme peut recommencer et 'vivre droit et droit ' un souvenir comme celui- là pour m'aider .

"Alors pourquoi ne pas commencer ce soir ?"

Il passa une main tremblante dans ses cheveux argentés et me regarda avec des yeux incrédules.

« Commencez cette nuit ! » murmura-t-il à moitié.

« J'ai une vieille maison parmi les houblonnières du Kent, poursuivis-je ; "Personne n'y habite actuellement, sauf un gardien, mais il est dans les limites de la probabilité que j'y aille peut-être un jour . Maintenant, les jardins ont besoin d'être taillés, et j'aime beaucoup les fleurs; pensez-vous tu pourrais rendre l'endroit décent en… disons, un mois ?

"Monsieur," dit-il d'une voix étrange et cassée, "vous n'êtes pas tu plaisantes avec moi, n'est-ce pas ?

« Je pourrais te payer une livre par semaine ; qu'en dis-tu ?

Il essaya de parler, mais ses lèvres tremblèrent et il nous tourna le dos tout à coup. J'ai arraché une page de mon portefeuille et j'ai griffonné à la hâte un message à l'intention de mon gardien.

"Voici l'adresse", dis-je en lui tapotant l'épaule. " Vous ne rencontrerez aucune difficulté. Je vous écrirai encore ce soir. Vous devez bien sûr avoir de l'argent pour y arriver et vous aurez peut-être besoin d'acheter en plus quelques nécessités ; voici votre salaire de la première semaine d'avance. " Et j'enfonçai un souverain dans sa main. Il le regardait avec des yeux clignotants, traînant maladroitement ses pieds, et à ce moment-là, son visage semblait très usé et ridé, et ses cheveux très gris, mais j'avais le sentiment que je ne devrais pas regretter mon acte chimérique à la fin. .

"Monsieur," balbutia-t-il, " monsieur , voulez-vous dire…?" et s'est arrêté.

"Je veux dire que ce soir 'au revoir Jarge ' a une chance de prendre un nouveau départ, une chance de devenir l'homme que son père a toujours pensé qu'il serait. Bien sûr, je serai peut-être idiot de te faire confiance. Ce seul temps le fera. mais vous voyez, j'avais un grand respect pour le vieux Jasper. Et maintenant que vous avez l'adresse, vous feriez mieux de rester, cependant, vous devez avoir un chapeau, les gens pourraient se demander : prenez ceci, " et je lui ai tendu le mien ; casquette.

"Monsieur, je ne peux pas vous remercier maintenant, je ne pourrai jamais. Cela—cela ne viendra pas; mais—" avec un geste nerveux et maladroit, il attrapa ma main, la pressa soudainement contre ses lèvres et partit dans l'allée.

C'est ainsi que le "au revoir Jarge " du vieux Jasper est sorti pour faire un essai de la vie une seconde fois, et tandis que je le regardais marcher au clair de lune, la tête droite, très différent de la créature traînante qu'il avait été, il m'a semblé que le criminel avait déjà été évincé par l'homme.

"Je crois qu'il a tout oublié de moi !" » dit le diablotin inconsolable.

"Non", répondis-je en secouant la tête; "Je ne pense pas qu'il t'oubliera un jour, mon Diablotin."

« Je suppose qu'il vous aime énormément , oncle Dick ?

"Pas que je sache de,"

"Alors pourquoi t'a-t-il embrassé la main ?"

"Oh, eh bien... euh ... c'est peut-être une façon de faire qu'il a."

"Il n'a pas embrassé le mien", a déclaré le diablotin.

Une porte s'ouvrit et se referma très doucement, et Lisbeth s'avança vers nous par le chemin, sur quoi le diablotin « se mit immédiatement à l'abri » dans le fossé.

« Il est mort, Dick ! dit-elle alors que j'ouvrais la porte. "Il est mort dans les bras de son fils, le George dont il parlait toujours. Et oh, Dick, il est mort en essayant de chanter" The British Grenadiers ".

« Pauvre vieux Jasper ! J'ai dit.

« Son fils a déjà été condamné, n'est-ce pas ?

"Oui."

"C'était étrange qu'il revienne comme il l'a fait, juste à temps ; cela ressemble presque à la main de la Providence, n'est-ce pas, Dick ?"

"Oui." Lisbeth se tenait debout, les coudes sur le portail et le menton dans les mains, regardant la lune, et je vis que ses yeux étaient mouillés de larmes.

"Pourquoi, où est ta casquette ?" s'exclama-t-elle lorsqu'elle daignait enfin me regarder.

"Sur la tête d'un évadé",

J'ai répondu.

"Tu veux dire- "

"Le 'au revoir Jarge '," j'acquiesçai.

"Oh, Dick !"

"Oui, Lisbeth; c'était un sentiment ridicule, je l'avoue. Votre citoyen respectueux de la loi et pondéré serait sans doute très choqué, pour ne pas dire scandalisé ; de même la loi pourrait se dresser sur ses pattes de derrière et donner des coups de pied - assez désagréables; mais quand même, je l'ai fait."

« Tu n'as jamais été ce qu'on pourrait appeler – très « très équilibré », n'est-ce pas, Dick ? »

"Non, j'ai bien peur que non."

« Et, savez-vous, je pense que c'est précisément la raison pour laquelle je… mon Dieu !… qu'est-ce que c'est ? Elle désigna l'ombre de la haie.

"Simplement le diablotin", répondis-je; « mais peu importe… dis-moi ce que tu allais dire… 'la raison même pour laquelle tu'… quoi ?

"Réginald !" dit Lisbeth sans prêter attention à ma question, venez ici, monsieur ! Très penaud, le diablotin sortit du fossé et s'approcha de moi, glissa sa main dans la mienne et je la mis dans ma poche.

"Réginald ?" répéta-t-elle en nous regardant tour à tour avec cette expression qui renouvelle toujours en moi le souvenir de mes méfaits d'enfant, pourquoi ne dors-tu pas dans ton lit ?

" Parce que je devais aller nourrir mon hors-la-loi, tante Lisbeth."

"Et," dis-je pour faire diversion, "par hasard, j'ai découvert le secret de son 'énorme appétit'. Cela s'explique en trois mots, à savoir « au revoir Jarge ».

"Veux-tu dire..." commença Lisbeth.

« Je l'ai nourri régulièrement deux fois par jour, poursuivis-je, et il a failli mourir de faim en le faisant. Vous vous souvenez de l'incident du pain sec ?

"Lutin!" s'écria Lisbeth ; "Lutin!" Et elle l'avait l'instant d'après dans ses bras.

« Mais oncle Dick lui a donné tout un souverain, vous savez, commença-t-il ; "un'-"

« Je l'ai envoyé dans une certaine maison, Lisbeth, » dis-je tandis que ses yeux rencontraient les miens ; "une vieille maison qui se trouve non loin du village de Down, dans le Kent, pour tailler les roses et tout. J'aimerais qu'elle soit sous son meilleur jour quand nous y arriverons ; et..."

"Et mon hors-la-loi a embrassé la main de l'oncle Dick", poursuivit le diablotin. "Tu ne penses pas qu'il doit l'aimer énormément ?"

"Je lui ai donné un mois pour le faire", continuai-je; " mais un mois semble beaucoup trop long quand on y réfléchit... qu'en penses-tu, Lisbeth ? "

"Je crois que j'entends les roues de la charrette à chiens !" elle a pleuré. Effectivement, un instant plus tard, Peter apparut, et grand fut son étonnement à la vue de « Maître Reginald ».

"Peter," dis-je, "Mlle Elizabeth a changé d'avis et reviendra avec nous; et... euh ... en passant, je comprends que Maître Reginald vous a acheté un manteau, une chemise et un pantalon, pour lequel il a déjà payé une caution de six pence. Maintenant, si vous me faites savoir leur valeur... "

"C'est bien ici, M. Brent, monsieur. Entre vous et moi, monsieur, ils ne préparaient pas grand-chose, du moins , le manteau étant trop serré , monsieur... assez serré , et le pantalon rare à la jambe courte pour un homme. mes intuitions , monsieur.

"Néanmoins," dis-je, "un manteau est un manteau, et un pantalon est indubitablement un pantalon, et rien ne peut changer le fait ; donc si vous m'envoyez une facture un jour, j'en serais heureux."

"Très bien, M. Brent, monsieur." Disant que Peter toucha son chapeau et se retourna, il partit.

"Maintenant," dis-je en rejoignant Lisbeth et le diablotin, "je serais heureux si vous me disiez combien de temps il faudrait pour que mon jardin soit assez beau pour vous accueillir ?"

"Oh, eh bien, cela dépend du jardinier, de la météo et de tout un tas de choses", répondit-elle en me montrant sa fossette.

"Au contraire", rétorquai-je en secouant la tête, "cela dépend entièrement du caprice de la plus belle, de la plus tentante..."

« Et si, soupirait Lisbeth, si nous parlions de poisson !

"Tu n'as pas pêché ces derniers temps, oncle Dick", dit le diablotin.

"Je n'ai aucune raison de le faire", répondis-je; "Vous voyez, je ne suis coupable de telles choses que lorsque la vie prend une monotonie grise et que tout est une désolation plate et morne. Comprenez-vous, Diablotin ?"

"Pas ' zackly - mais ça a l'air bien ! Tante Lisbeth," dit-il soudain, alors que nous nous arrêtions devant la porte de Shrubbery, "ne pensez-vous pas que mon hors-la-loi doit être très, très friand d'oncle Dick pour lui baiser la main ?"

"Eh bien, bien sûr qu'il le doit", acquiesça Lisbeth.

« Si, continua-t-il pensivement, si vous aimiez quelqu'un – beaucoup – lui baiseriez-vous la main, tante Lisbeth ?

"Je ne sais pas, bien sûr que non !"

"Mais pourquoi pas... en supposant que leur main soit belle et propre ?"

"Oh, eh bien, vraiment, je ne sais pas. Lutin, cours au lit, fais-le."

"Tu sais maintenant que je n'étais pas un cochon au point de manger toute cette nourriture, n'est-ce pas ?" Lisbeth l'embrassa.

"Maintenant, va au lit avec toi."

"Tu viendras me border et m'embrasser pour me souhaiter une bonne nuit, n'est-ce pas ?"

"Bien sûr, je le ferai", acquiesça Lisbeth.

"Eh bien, alors, j'irai", dit le diablotin; et d'un geste de la main vers moi, il s'en alla.

"Dick", dit Lisbeth en levant les yeux vers la lune, "c'était pour le moins très imprudent de ta part de laisser en liberté un criminel désespéré."

« J'en ai bien peur, Lisbeth ; mais ensuite j'ai vu qu'il y avait du bon chez cet homme, vous savez, et... euh … »

« Dick », répéta-t-elle, puis elle rit soudainement, avec la fossette bien en évidence ; " Espèce de vieux stupide Dick, tu sais que tu l'aurais fait de toute façon pour le bien de ce vieux soldat mourant. "

« Pauvre vieux Jasper ! J'ai dit; "J'ai vraiment peur de devoir le faire." Puis une chose merveilleuse s'est produite ; car, alors que je lui tendais la main, elle la saisit soudain dans la sienne, et avant que je m'en rende compte, elle y appuya ses lèvres et disparut ainsi.

VII
LE CHÊNE MANDÉ

Je m'étais brouillé avec Lisbeth ; s'était disputé au-delà de tout espoir de rédemption et de pardon, désespérément, irrévocablement, et tout était arrivé à travers un mouchoir - M. Le mouchoir de Selwyn.

À première vue, tout cela peut paraître très absurde, pour ne pas dire mesquin ; mais ensuite j'ai souvent remarqué que les choses insignifiantes servent très souvent à fonder les grandes ; et incidemment, un nombre assez surprenant de vies ont été gâchées par un mouchoir.

Les circonstances étaient brièvement les suivantes : D'abord, j'avais reçu de la duchesse la lettre suivante, qui ne m'avait pas peu troublé :

MON CHER DICK : J'ai entendu dire que cette créature d'Agatha Warburton a écrit en menaçant de couper notre chère Lisbeth avec le proverbial shilling à moins qu'elle ne se conforme à son souhait et n'épouse M. Selwyn dans l'année. Avez-vous déjà connu quelque chose d'aussi dégoûtant ?

Si j'étais Lisbeth et que j'avais une telle « créature » pour tante, je la verrais d'abord à Tombouctou – je le ferais ! Mais ensuite j'oublie que le pauvre enfant n'a rien au monde, et toi un peu plus, et "l'amour dans une chaumière", c'est très bien, Dick, jusqu'à un certain temps. Bien sûr, tout va bien dans les romans, mais vous n'êtes ni l'un ni l'autre dans un roman, et c'est là le pire. Si la Providence avait jugé bon de faire de moi la tante de Lisbeth, les choses auraient pu être bien différentes ; mais hélas! Il ne devait pas être. Dans ces circonstances, la meilleure chose que vous puissiez faire, pour elle et pour le vôtre, est de tourner le dos à Arcadia et d'essayer de tout oublier le plus vite possible dans le tourbillon de Londres et de la vie quotidienne.

Bien   à   vous   ,
CHARLOTTE C.

PS Bien sûr, la romance est morte depuis des lustres ; quand même, ce serait vraiment bien si tu parvenais à t'enfuir avec elle un beau soir !

Ainsi le fiat était lancé, le temps d'attente était accompli ; aujourd'hui, Lisbeth doit choisir entre Selwyn et moi.

Cette pensée me venait à l'esprit alors que je marchais le long du sentier de la rivière, me remplissant de cette étrange exaltation qui, je suppose, vient à la plupart d'entre nous lorsque nous sommes confrontés à un point culminant de notre vie.

Mais maintenant la grande question : comment déciderait-elle ? a bondi et a commencé à me hanter. Parce qu'une femme sourit à un homme, celui-ci est sûrement un imbécile des plus prodigieux que de se flatter qu'elle l'aime. Comment déciderait-elle ? Non, en effet ; quel choix avait-elle entre l'abondance et la pénurie ? Selwyn était riche et favorisée par sa tante, Lady Warburton, tandis que pour moi, mon cas était tout à fait inverse. Et maintenant je me rappelais combien Lisbeth avait toujours évité de s'entendre avec moi, me rebutant sous un prétexte ou un autre, mais toujours avec un tact infini. Alors la peur m'est venue et le doute a commencé à surgir ; mon pas devenait de plus en plus lent, jusqu'à ce que, atteignant la porte de Shrubbery, je me penchai là, ne sachant pas si je devais continuer ou non. Cependant, prenant ma résolution, je continuai en me tournant vers le verger, où je savais qu'elle s'asseyait souvent le matin pour lire ou faire semblant de coudre.

J'avais parcouru un peu de chemin lorsque j'aperçus deux silhouettes lointaines marchant lentement à travers la pelouse et reconnus Lisbeth et M. Selwyn. Le voir ici et à une telle heure était décidément désagréable, et je me dépêchai, me demandant ce qui avait bien pu l'amener si tôt.

préféré de Lisbeth , un vieux pommier si noueux et si rude qu'il semblait avoir passé toutes ses journées à se nouer dans toutes sortes de nœuds impossibles, à l'ombre de cet arbre, dis-je, il y avait un siège et une table rustiques, sur lequel étaient un panier à ouvrage, un livre et un mouchoir. C'était un grand mouchoir résolument masculin et, au moment où mes yeux le rencontrèrent, par hasard, je remarquai un monogramme brodé dans un coin, un monogramme extrêmement soigné et précis, avec les lettres FS. Je le reconnus aussitôt comme la propriété de M. .

D'ordinaire, je n'y aurais rien pensé, mais aujourd'hui c'était différent ; car il y a des moments dans la vie où les choses les plus stupides deviennent enceintes de possibilités infinies ; où les moindres bagatelles prennent des proportions écrasantes, remplissant et effaçant l'univers.

Il en était ainsi maintenant, et alors que je regardais le mouchoir, le doute en moi s'est soudainement transformé en certitude. Je faisais les cent pas avec agitation lorsque j'aperçus Lisbeth qui s'approchait ; ses joues semblaient plus rouges que d'habitude et sa main tremblait lorsqu'elle me la donna.

"Pourquoi, qu'est-ce que tu as ?" dit-elle; "tu as l'air si—si étrange, Dick."

"J'ai reçu une lettre de la duchesse ce matin."

"As-tu?"

"Oui ; dans lequel elle me dit que ta tante a menacé de..."

"Coupez-moi la parole avec un shilling", acquiesça Lisbeth en se dirigeant vers la table.

"Oui," répétai-je.

"Bien?"

"Bien?"

« Oh, pour l'amour de Dieu, Dick, arrête de marcher de long en large comme un… un ours en cage, et assieds-toi… fais-le !

J'ai obéi; et pourtant, ce faisant, je la vis du bout de l'œil fouetter le mouchoir et le glisser sous les lacets de sa poitrine.

« Lisbeth, dis-je sans tourner la tête, pourquoi le cacher là ?

Son visage rougit douloureusement, ses lèvres tremblèrent et pendant un instant elle ne trouva aucune réponse ; puis elle a essayé d'en rire.

« Parce que je… je le voulais, je suppose !

"Évidemment!" rétorquai-je; et se levant, s'inclina et se tourna pour partir.

"Reste un moment, Dick. J'ai quelque chose à te dire."

"Merci, mais je pense que je peux deviner."

"Peux-tu?"

"Oh oui."

"N'es-tu pas juste un peu théâtral, Dick ?" Tout en parlant, elle sortit le mouchoir de Selwyn et commença à y faire et à dénouer des nœuds. « Dick, » continua-t-elle – et maintenant elle traçait le monogramme de Selwyn avec son doigt – « tu me dis que tu sais que tante Agatha a menacé de me déshériter ; peux-tu réaliser ce que cela signifierait pour moi, je me le demande ?

"Seulement en petite partie", répondis-je amèrement; " mais ce serait affreux pour vous, bien sûr... adieu à la société et à tout le reste... plus de robes de bal, ni de chapeaux et autres choses de Paris, et... "

"Et en gardant tout cela à l'esprit", ajouta-t-elle, "et me connaissant comme vous, peut-être pourriez-vous faire une autre supposition et me dire ce que je suis susceptible de faire dans ces circonstances ?"

Maintenant, si j'avais été autre chose qu'un âne absurde, ma réponse aurait été différente ; mais alors je n'étais pas moi-même, et je ne pouvais m'empêcher de remarquer avec quelle tendresse son doigt traçait ces deux lettres FS, alors j'ai ri un peu brutalement et j'ai répondu :

"Suivez l'instinct de votre sexe et tenez-vous-en aux chapeaux et autres choses de Paris."

J'entendis son souffle se couper et, se détournant, elle commença à faire flotter les pages du livre sur la table.

"Et tu as toujours été si intelligent pour deviner, n'est-ce pas ?" dit-elle après un moment, gardant son visage détourné.

"Au moins, cela vous a évité d'expliquer la situation, et vous devriez en être reconnaissant."

Le livre glissa brusquement au sol et resta là, sans qu'on y prête attention, et elle se mit à rire d'une voix étrange et aiguë. Je me demandais, j'ai fait un pas vers elle ; mais ce faisant, elle s'enfuit loin de moi, courant vers la maison, sans jamais s'arrêter ni ralentir sa vitesse, jusqu'à ce que je la perde complètement de vue.

C'est ainsi que toute cette misérable affaire s'était produite, m'étourdissant par sa soudaineté même, comme un «coup de tonnerre venu de nulle part». J'étais revenu aux « Trois Jolly Anglers », déterminé à suivre les conseils de la duchesse et à retourner à Londres par le prochain train. Pourtant, après avoir passé une nuit blanche, j'étais là, assis dans mon ancienne place sous les aulnes, faisant semblant de pêcher.

La rivière riait toujours aussi joyeusement parmi les roseaux, les abeilles bourdonnaient et les papillons tournaient et planaient – la vie et le monde étaient très justes. Pourtant, pour une fois, j'étais aveugle à tout cela ; de plus, ma pipe refusait de « tirer » : les brins d'herbe, les brindilles et mon canif étaient également inutiles.

Alors je me suis assis là, méditant sur l'inconstance de la femme, comme beaucoup d'autres l'ont fait avant moi, et beaucoup le feront sans doute après, hélas !

Et le résumé de mes pensées était le suivant : Lisbeth m'avait trompé ; l'heure de l'épreuve l'avait trouvée faible ; mon idole n'était, après tout, que de l'argile ordinaire. Et pourtant, elle n'avait fait que préférer la richesse à une pauvreté relative qui, selon toutes les règles du bon sens, lui avait sûrement montré une sagesse au-delà de son âge. Et qui étais-je pour m'asseoir et pleurer cela ? Dans les mêmes circonstances, quatre-vingt-dix-neuf femmes sur cent auraient choisi exactement la même voie ; mais Lisbeth m'avait toujours paru la seule exemptée, la centième femme ; d'ailleurs, il y a des moments où l'amour, irraisonné et illogique, est infiniment plus beau que ce bon sens tant vanté.

Ceci et bien plus encore était dans mon esprit alors que j'étais assis à tâtonner avec ma pipe inutile et à regarder avec des yeux aveugles le débit de la rivière.

Mes pensées, cependant, furent immédiatement interrompues par quelque chose de doux frottant contre moi, et en baissant les yeux, j'aperçus Louise, le chaton moelleux de Dorothy. Lorsque j'ai essayé de la ramasser, elle a bondi de moi de cette manière latérale remarquable propre à son espèce, et m'a regardé de loin, sa queue droite en l'air et sa bouche s'ouvrant et se fermant sans un bruit. Enfin, après avoir émis une très faible tentative de miaulement, elle zigzagua vers moi, et grimpant sur mes genoux, tomba immédiatement dans un ronronnement de sommeil.

"Bonjour, oncle Dick ! Je veux dire, quoi, Little John !" » cria une voix, et regardant par-dessus mon épaule, avec précaution pour ne pas troubler l'équilibre de « Louise », j'aperçus le diablotin. Il suffisait d'un coup d'œil à l'arc qu'il tenait à la main, aux trois flèches à sa ceinture et à la plume de son bonnet pour me dire qui il était pour le moment.

"Et maintenant, Robin ?" J'ai demandé.

"Je suis un homme amer et déçu, oncle Dick !" » répondit-il en levant la main pour vérifier si sa plume était en place.

"Es-tu?"

"Oui, le livre dit que Robin des Bois était 'amer et' déçu' et moi aussi."

"Pourquoi, comment ça va ?"

Le diablotin croisa les bras et me regarda avec un froncement de sourcils terrible. "Tout est de la faute de ma tante Lisbeth !" dit-il d'une voix tragique.

"Asseyez-vous, mon Diablotin, et racontez-moi tout ça."

"Eh bien," commença-t-il en posant sa "fidèle épée" et en s'asseyant à mon coude, "elle s'est mise terriblement en colère contre moi hier, terriblement en colère, en effet, et elle n'a pas voulu jouer avec moi ou quoi que ce soit ; et " Quand j'ai essayé d'être ami avec elle et que je lui ai demandé de faire semblant d'être un hippopotame, parce que j'étais un puissant chasseur, vous savez, elle a juste dit : " Reginald, va-t'en et " ne me dérange pas ! "

"Tu me surprends, Diablotin !"

" Mais ce n'est pas le pire, " continua-t-il en secouant sombrement la tête ; "Elle n'est pas venue pour me border et m'embrasser pour me souhaiter une bonne nuit comme elle le fait toujours. Je suis resté éveillé des heures et des heures à l'attendre, tu sais, mais elle n'est jamais venue, et donc je suis parti." son!"

"L'a laissée!" Je répète.

" Pour toujours et à jamais!" dit-il en hochant un sourcil sévère. "Je pense qu'elle sera horrible , désolé un jour !"

"Mais où irais-tu ?"

"Je pense à la Perse !" dit-il sombrement.

"Oh!"

"C'est beau et loin, tu sais, et je pourrais rencontrer Aladdin avec la merveilleuse lampe."

"Hélas, Lutin, je n'ai pas peur", répondis-je en secouant la tête ; "Et puis, il faudra beaucoup, très longtemps pour y arriver, et où dormiras-tu la nuit ?"

Le diablotin fronça les sourcils plus fort que jamais, regardant droit devant lui comme quelqu'un aux prises avec un problème majeur, puis son front s'éclaircit et il parla ainsi :

"Désormais, oncle Dick, mon toit sera la vaste étendue du ciel, et... et... attends une minute !" Il s'interrompit et sortit quelque chose de sa poche, révéla un volume en lambeaux recouvert de papier (les livres du diablotin sont toujours en lambeaux), et tournant les pages à la hâte, s'arrêta sur un certain paragraphe et lut ce qui suit :

« « Désormais, mon toit sera la vaste étendue du ciel, et » tous les tyrans apprendront à trembler devant mon nom ! » Ça ne vous semble pas bien, oncle Dick ? J'ai essayé de convaincre Ben, vous savez, le garçon du jardinier, de venir vivre un peu dans le « bois vert » avec moi et d'aider à faire trembler les « tyrans », mais il a dit : il avait « peur que sa mère ne le retrouve un jour, et il ne le trouverait pas, alors je vais les faire trembler tout seul, à moins que tu ne viennes et ne sois Petit Jean, comme tu l'étais autrefois – oh, faire!"

Avant de pouvoir répondre, entendant des pas, je regardai autour de moi et mon cœur fit un bond, car Lisbeth arrivait sur le chemin.

Sa tête était penchée et elle marchait d'un air apathique. Maintenant, en la regardant, j'oubliais tout sauf qu'elle avait l'air triste, troublée et plus belle que jamais, et que je l'aimais. Instinctivement, je me levai en soulevant ma casquette. Elle sursauta, et pendant une fraction de seconde ses yeux se posèrent sur les miens, puis elle poursuivit sereinement son chemin. J'aurais pu être un bâton ou une pierre pour tous les autres avis qu'elle m'a accordés.

Côte à côte, le diablotin et moi la regardâmes partir, jusqu'à ce que la dernière lueur de sa jupe blanche disparaisse dans le vert. Puis il croisa les bras et se tourna vers moi.

"Ainsi soit-il!" » dit-il d'un air sévère et définitif ; "Et maintenant, qu'est-ce qu'un 'chêne foutu', s'il vous plaît ?"

"Un maudit chêne !" Je répète.

"S'il vous plaît, oncle Dick."

"'Eh bien, c'est un chêne qui a été frappé par la foudre."

"Comme celui avec les branches 'collantes', où j'ai autrefois caché tante Lis... Ses bas ?"

J'ai hoché la tête et, m'asseyant, j'ai commencé à emballer ma canne à pêche et mes affaires.

"J'en suis content", poursuivit pensivement le diablotin. "Robin des Bois disait toujours à quelqu'un : ' Salut au foutu chêne à minuit !' et c'est bien d'en avoir un à portée de main, tu sais.

Je pensais que dans certaines circonstances, et avec un morceau de corde, ce serait très bien, " foutu " ou autre, mais j'ai seulement dit " Oui " et j'ai soupiré.

"'D'où vient ce visage lugubre', Oncle Dick, je veux dire Petit Jean ? Est-ce que Tante est en colère contre toi aussi ?"

"Oui", répondis-je et soupirai à nouveau.

"Oh!" » dit le diablotin en le fixant, « et est-ce que tu as envie de… genre… attends une minute » – et une fois de plus il sortit et consulta le volume en lambeaux – « « as-tu envie de te pendre avec ton ceinturon au bras de là-bas ?", demanda-t-il avec empressement, en mettant le doigt sur un certain paragraphe.

"Ça me plaît beaucoup, mon Diablotin."

"Ou... ou 'en te précipitant du haut du sommet de ce haut rocher ?'"

"Oui, Diablotin ; plus c'est haut, mieux c'est !"

"Alors vous devez être amoureux, comme Alan-a-Dale; il allait se pendre et se précipiter au plus haut sommet", vous savez, seul Robin des Bois a dit: "D'où ce visage lugubre" et " Je l'ai arrêté, tu te souviens ?

"Bien sûr," j'acquiesçai.

"Et donc tu es vraiment amoureux de ma tante Lisbeth, n'est-ce pas ?"

"Oui."

"Est-ce pour ça qu'elle est en colère contre toi ?"

"Probablement."

Le diablotin restait silencieux, apparemment plongé une fois de plus dans une profonde méditation.

"' Je crains qu'il y ait quelque chose qui ne va pas chez elle," dit-il enfin en secouant la tête ; "Elle se met toujours en colère contre tout le monde à propos de quelque chose : vous, moi et M. Selwyn."

« M. Selwyn ! » M'écriai-je. « Lutin, qu'est-ce que tu veux dire ?

"'Eh bien, elle s'est d'abord fâchée contre moi... et pour une si petite chose aussi ! Nous étions dans le verger, et j'ai renversé de la limonade sur sa robe... seulement environ un demi-verre, vous savez, et'quand elle Je suis allée l'essuyer, elle n'avait pas de mouchoir, et bien sûr, je n'en avais pas. Alors elle m'a dit d'en chercher un, et j'allais justement y aller quand M. Selwyn est arrivé, alors j'ai dit : « Est-ce qu'il me prêterait tante Lisbeth. son mouchoir, parce qu'elle en voulait un pour essuyer sa robe ? et il a dit : « Ravi ! Puis ma tante a froncé les sourcils et a secoué la tête alors qu'il ne regardait pas. Mais M. Selwyn a sorti son mouchoir, s'est mis à genoux et a commencé à essuyer la limonade en lui racontant quelque chose sur la sienne. cœur », et « souhaitant pouvoir « s'agenouiller à ses pieds pour toujours ! » Tante est devenue terriblement rouge et lui a dit de se lever, mais il ne l'a pas fait, puis elle m'a regardé si horriblement en colère que j'ai pensé que je ferais mieux de partir, alors pendant qu'elle disait : " Lève-toi, Monsieur Selwyn... faites-le ! Je me suis enfui, seulement je pouvais dire qu'elle était terriblement en colère contre M. Selwyn - et c'est tout !

Je me mis à genoux et attrapai le diablotin par les épaules.

« Imp, m'écriai-je, êtes-vous sûr... tout à fait sûr qu'elle était en colère contre M. Selwyn hier matin ?

"'Bien sûr que je le suis. Je sais toujours quand tante Lisbeth est en colère. Et maintenant, allons jouer à 'Blasted Oaks.'"

"Tout ce que tu veux, Diablotin, à condition que nous la trouvions."

"Tu oublies ta canne à pêche et..."

"La canne à pêche soit... soufflée !" m'écriai-je, et je me mis en route précipitamment dans la direction qu'avait prise Lisbeth.

Le diablotin trottait à mes côtés, trébuchant fréquemment sur sa « fidèle épée » et donnant d'innombrables ordres d'une voix rauque et féroce à une « bande de hors-la-loi » imaginaire. Quant à moi, j'avançais sans y prêter attention, car mon esprit était rempli du soupçon de plus en plus grand que j'avais jugé Lisbeth comme un imbécile précipité.

Nous avons ainsi fouillé le quartier à fond, mais sans succès. Cependant nous continuâmes nos recherches avec une ardeur toujours aussi vive , le long du chemin de la rivière jusqu'aux escaliers d'eau et de là par les jardins jusqu'au verger ; mais pas un signe de Lisbeth. Les arbustes et l'enclos donnèrent un résultat similaire, et après avoir interrogé Peter dans la sellerie, il nous informa que « Miss Helezabeth était dehors avec Miss Dorothy ». Finalement, après plus d'une heure de ce genre de choses, même le Diablotin se découragea et suggéra de « se transformer en pirates ».

Nos pérégrinations s'étaient déroulées sur des chemins détournés et maintenant, par hasard, nous nous retrouvions sous « le maudit chêne ».

Nous nous asseyâmes très solennellement côte à côte et il y eut un long moment de silence.

"C'est bien de faire trembler les tyrans, n'est-ce pas oncle Dick ?" » dit enfin le Diablotin.

"Assurément." J'ai hoché la tête.

"Mais j'aurais aimé d'abord dire au revoir à tante Lisbeth, et à Dorothy et à Louise..."

« Que veux-tu dire, mon diablotin ?

« Oh, vous savez, oncle Dick ! « Mon toit sera désormais la grande étendue. Je vais combattre des géants et toutes sortes de caduques, vous savez. Et puis, si jamais j'arrive en Perse et que je trouve la merveilleuse lampe, je pourrai souhaiter que tout aille bien à nouveau, et nous devrions le faire. soyez tous « heureux pour toujours » – vous, tante Lisbeth, Dorothy et moi ; et nous pourrions vivre dans un palais avec des esclaves. Oh, ce serait bien !

"Oui, c'est une excellente idée, Diablotin, mais dans l'ensemble un peu risqué, car il est juste possible que tu ne retrouves jamais la lampe ; d'ailleurs, il va falloir s'arrêter là, après tout, parce que, vois-tu, je suis je m'en vais moi-même.

"Alors partons ensemble, oncle Dick, fais-le !"

"Impossible, mon diablotin ; qui s'occupera de ta tante Lisbeth, de Dorothy et de Louise ?"

"J'avais oublié ça," répondit-il tristement.

"Et ils ont besoin de beaucoup de soins", ai-je ajouté.

"' Je crains qu'ils ne le fassent," acquiesça-t-il; "Mais il y a Peter," suggéra-t-il, s'éclairant.

"Peter sait certainement comment s'occuper des chevaux, mais ce n'est pas tout à fait pareil. Prête-moi ta fidèle épée."

Il se leva et, le sortant de sa ceinture, me le tendit avec panache.

"Tu te souviens autrefois, Diablotin, quand les chevaliers partaient au combat, il était d'usage qu'ils fassent une promesse solennelle d'embrasser la poignée en croix de leurs épées, juste pour montrer qu'ils voulaient la tenir. Alors maintenant, je je vous demande de retourner auprès de votre tante Lisbeth, de prendre soin d'elle, de la protéger et de la garder de tout ce qui est mauvais, et de ne jamais oublier que vous êtes son fidèle et véritable chevalier et maintenant d'embrasser votre épée en signe, d'accord ? " et j'ai rendu l'arme.

"Oui," répondit-il avec des yeux brillants, "Je le ferai, sur mon honneur , alors aide-moi Sam!" et il baisa l'épée.

"Bien!" m'écriai-je; "Merci, Diablotin."

"Mais tu pars vraiment ?" » s'enquit-il en me regardant avec un visage troublé.

"Oui!"

"Tu dois y aller ?"

"Oui."

"Promettras-tu de revenir un jour, bientôt ?"

"Oui je promets."

"Sur votre honneur ?"

"Sur mon honneur !" Répétai-je et, à mon tour, j'embrassai docilement la poignée étendue de son épée.

« Est-ce que vous y allez ce soir, oncle Dick ?

"Je commence très tôt le matin, alors tu vois, nous ferions mieux de nous dire 'au revoir' maintenant, mon diablotin."

"Oh!" » dit-il en regardant la rivière au loin. Or, à la boutonnière de mon manteau pendait un bouton de rose fané que Lisbeth m'avait offert il y a deux jours, et, sous un coup de tête, je l'ai retiré.

"Im," dis-je, "quand tu reviendras, je veux que tu donnes ça à ta tante Lisbeth et que tu dises... euh ... peu importe, donne-le-lui, d'accord ?"

"Oui, oncle Dick", dit-il en me le prenant, mais en gardant le visage détourné.

"Et maintenant, au revoir, Diablotin !"

"Au revoir!" répondit-il, toujours sans me regarder.

"Tu ne veux pas me serrer la main ?"

Il a tendu une petite paume crasseuse et, alors que je la serrais, j'ai vu une grosse larme couler sur sa joue.

"Tu reviendras bientôt, très bientôt, oncle Dick ?"

"Oui, je reviendrai, mon Diablotin."

"Alors… t'aider… Sam ?"

"Alors aide-moi Sam!"

Et c'est ainsi que nous nous séparâmes, le diablotin et moi , sous le « chêne maudit », et je sais que mon cœur était étrangement lourd lorsque je me détournai et le quittai.

Après avoir parcouru une certaine distance, je me suis arrêté pour regarder en arrière. Il se tenait toujours là où je l'avais laissé, mais son visage était caché dans ses bras alors qu'il s'appuyait en sanglotant contre le tronc tordu du grand arbre.

Tout le long du chemin jusqu'aux « Trois Jolly Anglers » et pendant le reste de la soirée, la pensée de la petite silhouette désolée m'a hanté, à tel point que, ayant renvoyé mon dîner sans l'avoir goûté, j'ai pris une plume et de l'encre et lui ai écrit une lettre : j'y joignais mon canif, que je lui avais souvent vu regarder avec « l'œil du désir », malgré la lame qu'il avait brisée dans certaine occasion mémorable. Cela fait, je pris la détermination d'envoyer aussi un message à Lisbeth, quelques mots brefs qui devraient pourtant lui révéler quelque chose des pensées que je lui portais avant de quitter sa vie pour toujours.

Pendant plus d'une heure, je restai assis là, mâchant le tuyau de ma pipe inutile et soutirant mon son, mais les « quelques mots brefs » refusèrent obstinément de venir. Neuf heures sonnaient tristement dans la tour normande de l'église voisine, et pourtant ma plume restait inutilisée et le papier devant moi était vierge ; aussi, je pris conscience d'un tapotement quelque part à proximité, tantôt s'arrêtant , tantôt recommençant, dont la répétition fastidieuse irritait tellement mes nerfs agités que je jetai ma plume et me levai.

Le bruit semblait provenir du voisinage de la fenêtre. En y arrivant, j'ouvris brusquement la croisée et me trouvai face à un visage rond, dans lequel étaient fixés deux yeux très ronds et un bouton de nez, le tout surmonté d'une touffe de cheveux roux.

"' Allo , M. Oncle Dick!"

Il suffisait de cela et d'un second coup d'œil sur le visage rond pour m'assurer qu'il s'agissait bien de Ben, le garçon du jardinier.

" Quoi, mon noble Benjamin ? " M'écriai-je.

"Non c'est moi!" répondit le redoutable Ben. "'J'ai dit que je devais vous donner ceci et vous dire : 'La vie et la mort !'" Pendant qu'il parlait, il tendit un rouleau de papier attaché au milieu avec un lacet de botte ; ce qui fait, la tête ronde sourit, hocha la tête et disparut de ma perception. En déroulant le lacet de la botte, j'étalai le papier et lis les mots suivants, griffonnés au crayon :

Salut le Blasted Oke et tout sera pardonné. Reviens à ton amour les amis et les bigones seront des bigones . Regardez le trou dans le coffre.

Sined   ,
ROBIN, Outlaw et Knight.

PS Je veux dire où j'ai caché ses bas, toi non.

Je restai quelque temps avec ce document véritablement mystérieux à la main, ne sachant que faire à ce sujet ; si j'y allais, il y avait de fortes chances que je me présente contre le diablotin, et il y aurait une seconde prise d'adieu, ce pour lequel, dans mon humeur actuelle, je n'avais guère de goût. D'un autre côté, il était possible que quelque chose se soit produit et que je ferais bien de le savoir.

Et pourtant, que pourrait-il se passer de plus ? Lisbeth avait fait son choix, mon rêve était terminé, demain je retournerais à Londres, et tout était fini ; toujours-

Dans ce pitoyable état d'hésitation, je restai quelque temps, mais à la fin la curiosité et un espoir fugitif l'emportèrent, et prenant ma casquette, je sortis.

C'était, comme dirait Stevenson, « une merveilleuse nuit d'étoiles », et l'air était plein de leur lumière douce et frémissante, car la lune était tardive et ne s'était pas encore levée. Alors que je franchissais la porte de l'auberge, quelqu'un dans la salle des fêtes a entonné « Tom Bowling » d'une voix rauque mais non dénuée de musique ; et la mélodie plaintive semblait en quelque sorte faire partie de la nuit.

En vérité, mes pieds foulaient un chemin de « fée », tapissé de mousses douces, un chemin qui serpentait au bord d'une rivière d'ombres sur la marée sombre de laquelle flottaient des étoiles. Je marchais lentement, respirant le parfum de la nuit et regardant la grande lune argentée ramper lentement dans le ciel étoilé. J'en suis donc arrivé au "chêne foudroyé". Le trou dans le coffre n'a nécessité que peu de recherches. Je m'en souvenais assez bien et, sortant ma main, j'en sortis un papier plié. En le tenant près de mes yeux, j'ai réussi sans trop de difficultés à déchiffrer ce message :

Ne va pas trop loin , tante Lisbeth te veut et je le veux. Je l'ai entendue se dire cela dans le livre et elle pleurait, et elle ne m'a pas vu là, mais je l'étais. Et elle a dit O Dick, je te veux tellement, à voix haute pour dire qu'elle ne l'a pas fait, non, j'étais là. Et je non, elle pleurait bekors j'ai vu les gradins. Et c'est vrai sur mon onner alors aide-moi Sam.

Sined ,
autrefois vrai ami et chevalier,
REGINALD AUGUSTUS.

Un sentiment de répulsion m'a envahi pendant que je lisais. Ah ! si seulement je pouvais croire qu'elle avait dit de tels mots, ma belle et fière Lisbeth.

Hélas! cher Lutin, comment était-il possible de te croire ? Et parce que je savais que cela ne pouvait pas être vrai, et parce que j'aurais donné ma vie pour savoir que c'était vrai, j'ai recommencé à relire la note.

Soudain, j'ai sursauté et j'ai regardé autour de moi ; c'était sûrement un sanglot ! Mais les rayons de la lune ne servaient qu'à montrer ma solitude totale. C'était de l'imagination, bien sûr, et pourtant cela semblait très réel.

Et elle a dit : "Ô Dick, je te veux tellement !"

La rivière clapotait doucement contre la rive et, quelque part au-dessus de ma tête, les feuilles bruissaient lamentablement.

"Cher petit diablotin, si seulement c'était vrai !"

Une fois de plus, le son me parvint, faible et retenu, mais un sanglot indéniablement.

De l'autre côté de l'arbre géant, j'aperçus une silhouette à moitié assise, à moitié allongée. L'ombre était profonde ici, mais alors que je me baissais, la gentille lune envoya un rayon de lumière argentée, et je vis un joli visage surpris, avec de grands yeux embués de larmes.

« Lisbeth ! » m'écriai-je; puis, poussé par une pensée soudaine, j'ai jeté un rapide coup d'œil autour de moi.

"Je suis seule", dit-elle, interprétant correctement ma pensée.

"Mais... ici... et... et à telle heure !" J'ai bégayé bêtement. Elle semblait se lever d'un seul mouvement, me faisant face avec des yeux brillants.

"Je suis venu chercher le diablotin. J'ai trouvé ça sur son oreiller. Peut-être que tu m'expliqueras ?" et elle m'a tendu un papier froissé.

CHER TANTE LISBATH : (J'ai lu)

Unkel Dick s'en va parce qu'il est amoureux de toi et tu es en colère contre le Blasted oke , où je me cachais autrefois, si tu veux m'embrasser et être gentil avec moi à nouveau, viens à moi bekors, je veux que quelqu'un soit gentil avec moi maintenant qu'il est parti.

autrefois aimer désolé IMP.

PS Il a dit qu'il aimerait se pendre avec son ceinturon au bras de cet arbre et se jeter du haut de ce pinnakel le plus haut , donc je non, il est amoureux de toi.

"Oh, bienheureux Diablotin !"

"Et maintenant, où est-il ?" » a-t-elle demandé.

"Lisbeth, je ne sais pas."

"Tu ne sais pas ! Alors pourquoi es-tu ici ?"

En guise de réponse, je lui ai tendu la lettre que j'avais trouvée et je l'ai regardée lire les mots que je ne pouvais pas croire.

Son chapeau était enlevé et la lune faisait de merveilleuses lumières dans les boucles de ses cheveux noirs. Elle portait une robe d'intérieur faite d'un tissu fin qui s'agrippait, révélant avec audace les lignes gracieuses de sa silhouette souple, et dans la magie de la lune, elle ressemblait à une jeune déesse des bois – grande, blonde et forte, mais infiniment féminine.

couleur révélatrice briller sur ses joues - une lente vague qui déferla sur elle du front au menton, et du menton jusqu'à la colonne ronde et blanche de sa gorge.

Et elle a dit : "Ô Dick, je te veux tellement !" Je lis à haute voix.

"Oh," murmura Lisbeth.

"Lisbeth, c'est vrai ?"

Elle se tenait debout, le visage détourné, tordant la lettre entre ses doigts.

« Lisbeth ! » Dis-je en faisant un pas en avant. Elle ne parlait toujours pas, mais ses mains se tendirent vers moi d'un geste rapide et passionné, et ses yeux regardèrent les miens ; et sûrement aucun n'a jamais été plus doux , avec la nouvelle timidité au fond d'eux et les larmes scintillant sur leurs cils.

Et à ce moment-là, le doute et la peur furent engloutis dans une grande joie, et j'oubliai tout sauf que Lisbeth était devant moi et que je l'aimais. La lune, maintenant levée, avait tracé un large chemin d'argent à travers la rivière sombre jusqu'à nos pieds, et je me souvenais comment le diablotin m'avait dit un jour que c'était là que les fées de la lune pouvaient venir quand elles nous apportaient des rêves heureux. . Assurément, l'air était plein de fées de la lune ce soir.

"Ô Diablotin, Diablotin trois fois béni !"

"Mais... mais Selwyn ?" J'ai fini par gémir.

"Bien?"

"Si tu l'aimes—"

"Mais je ne le fais pas!"

"Mais si tu dois l'épouser..."

"Mais ce n'est pas le cas ! J'allais te le dire hier dans le verger, mais tu ne m'as laissé aucune chance ; tu as préféré deviner et, bien sûr, tu t'es complètement trompé. Je savais que ça te rendait malheureux, et j'étais j'en étais content et j'avais l'intention de te garder si longtemps, très longtemps ; mais quand j'ai levé les yeux et que je t'ai vu là si très, très misérable, Dick, je n'ai pas pu continuer plus longtemps, parce que j'étais moi-même si terriblement misérable. , Vous savez."

"Peux-tu me pardonner un jour ?"

"Ça dépend, Dick."

"Sur quoi?"

Lisbeth se baissa, ramassa son chapeau et commença à le mettre.

"Ça dépend de quoi?" Je répète.

Son chapeau était maintenant en place, mais pendant un moment elle ne répondit pas, les yeux rivés sur le « chemin des fées ». Quand enfin elle parla, sa voix était très basse et tendre.

« Non loin du village de Down, dans le Kent, il y a une maison », commença-t-elle, « une très vieille maison, avec des pignons pointus et des chambres lambrissées , mais vide ce soir et désolée. » Vous voyez, je me souviens de tout", s'interrompit-elle.

"Oui, tu te souviens de tout", répétai-je, me demandant.

"Dick... je... je veux que tu... m'emmènes là-bas. J'y ai pensé si souvent. Emmène-moi là-bas, Dick."

"Lisbeth, tu le penses?"

" Cela fait longtemps que c'est le rêve de ma vie – travailler pour toi là-bas, prendre soin de toi, Dick – tu as besoin de tant de choses, de tant de soins – de marcher avec toi dans le vieille roseraie ; mais je suis un mendiant maintenant, vous savez, même si cela ne me dérangera pas du tout si–si vous me voulez, Dick. »

"Je te veux!" J'ai pleuré et, avec ces mots, je l'ai rapprochée et je l'ai embrassée. Maintenant, de quelque part dans l'arbre au-dessus, il y eut un craquement soudain et un violent claquement de brindilles.

"Très bien, oncle Dick !" cria une voix ; "Ce n'est que la branche. Ne t'inquiète pas."

"Lutin!" M'écriai-je.

"J'arrive, oncle Dick", répondit-il, et avec beaucoup d'efforts et une respiration lourde, il émergea bientôt et se tortilla en toute sécurité jusqu'au sol. Pendant un moment, il resta debout à nous regarder tour à tour, puis il se tourna vers Lisbeth.

"Ne me pardonneras-tu pas aussi, tante Lisbeth, s'il te plaît ?" il a dit.

"Te pardonner!" s'écria-t-elle, et tombant à genoux, elle le prit dans ses bras.

"Je suis content de ne pas être allé en Perse, après tout, oncle Dick", dit-il par-dessus son épaule.

"Perse!" répéta Lisbeth avec étonnement.

"Oh, oui, tu étais tellement en colère contre oncle Dick et contre moi, si terriblement en colère, tu sais, que j'allais essayer de trouver la "lampe merveilleuse" pour pouvoir souhaiter à nouveau que tout aille bien et nous tous. « vivre heureux pour toujours » ; mais le foutu chêne faisait tout aussi bien l'affaire, et était plus agréable, d'une manière ou d'une autre, n'est-ce pas ? »

"Infiniment plus agréable", répondis-je.

"Et tu ne seras plus jamais en colère contre oncle Dick ou contre moi , n'est-ce pas, ma tante, c'est-à-dire pas terriblement en colère, tu sais ?"

"Plus jamais, chérie."

"Sur votre honneur ?"

"Sur mon honneur !"

"Alors t'aider Sam ?"

"Alors aide-moi Sam!" répéta-t-elle en souriant, mais il y avait des larmes dans sa voix.

Très gravement, le diablotin dégaina sa « fidèle épée », qu'elle, suivant ses instructions, embrassa docilement.

« Et maintenant, s'écria-t-il, nous sommes tous de nouveau heureux, n'est-ce pas ?

"Plus heureuse que je n'ai jamais espéré ou rêvé de l'être", répondit Lisbeth, toujours à genoux; "et oh, Diablotin, cher petit Diablotin, viens m'embrasser."

VIII
LE PAYS DES DÉLICES DU COEUR

Il n'y a sûrement jamais eu et il ne pourrait jamais y avoir un autre matin comme celui-ci ! Depuis les premiers signes de l'aube, un merle chantait pour moi depuis le buisson odorant de seringa qui fleurissait juste sous ma fenêtre. Chaque matin, je m'étais réveillé avec la joyeuse mélodie de son chant doré. Mais aujourd'hui, l'ordre s'est inversé. J'étais assis devant ma fenêtre ouverte, respirant la douce pureté du matin, regardant le ciel oriental passer lentement du gris perle au safran et du safran au pourpre le plus profond, jusqu'à ce qu'enfin le nouveau soleil levant ait rempli le monde entier de sa gloire. Et puis mon merle avait commencé, très rauque d'abord, essayant une note de temps en temps, de manière hésitante, comme s'il était encore somnolent et pas tout à fait sûr de lui, mais peu à peu ses notes étaient devenues plus longues, plus riches, plus doux, jusqu'à ce qu'ici il épanouisse son âme dans une extase.

Ah ! sûrement il n'y a jamais eu, il ne pourrait jamais y avoir un autre matin comme celui-ci !

Du crépuscule vert des bois soufflait un vent doux, chargé de parfums de terre et de fleurs cachées. Des gouttes de rosée scintillaient dans l'herbe et pendaient scintillantes de chaque feuille et brindille, et au-delà de tout se trouvait l'éclat de la rivière murmurante .

Le merle chantait maintenant pleinement, et peu à peu d'autres se joignirent à lui – la grive, l'alouette et la linotte, avec les voix plus humbles de la basse-cour – jusqu'à ce que l'air ensoleillé vibre avec le chœur.

Bientôt, un homme en gilet à manches traversa le paddock en sifflant vigoureusement, et de quelque part en bas s'éleva un joyeux fracas d'assiettes et de plats ; et ainsi la vieille auberge, qui avait vu tant de matins, se réveilla avec un autre. Mais il n'y a jamais eu, il ne pourrait jamais y avoir un autre matin comme celui-ci !

Et peu de temps après, après m'être habillé avec plus de soin que d'habitude, je descendis chercher mon petit-déjeuner qui m'attendait dans le « Sanded Parlor », après l'avoir commandé à cette heure matinale de la veille – du jambon, des œufs et du café parfumé, quel mortel ! pourriez-vous souhaiter plus ?

Et pendant que je mangeais, servi par la femme de chambre aux joues roses, entra maître Amos Baggett, mon hôte, pour passer le temps de la journée et également pour m'assurer que mes bagages prendraient le train de bonne heure ; qui, quand je me levai, mon repas terminé, s'arrêta pour essuyer inutilement sa honnête main sur son tablier enneigé avant de me souhaiter « Au revoir ».

Ainsi, après m'être dûment souvenu de la femme de chambre aux joues roses susmentionnée, des "Bottes" obséquieuses et du palefrenier souriant , je m'éloignai au soleil, et traversant le green, où se trouvait le panneau indicateur battu, j'arrivai à une volée de marches rugueuses, au pied duquel mon bateau était amarré. Je suis entré, j'ai lâché le peintre et, après avoir expédié les godilles, je me suis précipité dans le ruisseau.

Non, il n'y a jamais eu, il n'y aura jamais eu de matin comme celui-ci, car aujourd'hui je devais épouser Lisbeth, et chaque coup de rame me rapprochait d'elle et du bonheur. Gaiement, les aulnes se penchèrent et me firent un signe de tête ; joyeusement, les oiseaux chantaient et chantaient ; joyeusement, l'eau riait et bavardait contre ma proue pendant que je ramais à travers le matin doré.

Bien avant l'heure fixée, j'atteignis les escaliers d'eau de Fane Court, et, attachant mon esquif, allumai ma pipe et regardai la fumée s'élever lentement dans l'air calme pendant que j'essayais de « posséder mon âme avec patience ». Assis ainsi, j'ai fait de nombreux beaux rêves sur la nouvelle vie qui allait être, et j'ai pris de nombreuses résolutions, comme un homme devrait le faire le matin de son mariage.

Et enfin Lisbeth elle-même arriva, rapide, légère, aussi belle, douce et fraîche que le matin, qui s'arrêta pourtant un moment pour s'appuyer sur la balustrade et me regarder sous le bord de son chapeau. Je me levai et lui tendis les mains, mais elle restait là et je vis que ses joues étaient rouges et ses yeux timides et tendres. Ainsi, une fois de plus, nous nous trouvâmes sur le vieil escalier d'eau, elle sur l'escalier du haut, moi sur l'escalier du bas ; et de nouveau je vis le petit pied sous sa jupe venir lentement vers moi et hésiter.

"Dick," dit-elle, "tu sais que tante Agatha m'a coupé les vivres, m'a complètement déshéritée. Tu as eu le temps d'y réfléchir?"

"Oui."

« Et vous en êtes tout à fait… tout à fait sûr ?

"Tout à fait ! Je pense que je l'ai été toute ma vie."

"Je suis sans le sou maintenant, Dick, un mendiant, avec rien au monde à part les vêtements que je porte."

"Oui," dis-je en attrapant ses mains dans les miennes, "ma mendiante; la plus belle, la plus noble, la plus douce qui se soit jamais penchée pour accorder son amour à l'homme.

« Dick, comme tout est glorieux ce matin : la terre, le ciel et la rivière !

"C'est le matin de notre mariage !" dis-je.

"Le jour de notre mariage", répéta-t-elle dans un murmure.

"Et il n'y a jamais eu de matinée comme celle-ci", dis-je.

"Mais, Dick, tous les jours ne peuvent pas être ainsi – il doit parfois y avoir des nuages et des tempêtes, et… et… Ô Dick ! es -tu sûr que tu ne regretteras jamais, jamais… "

"Je t'aime, Lisbeth, dans l'ombre comme au soleil, je t'aime toujours et toujours." Et alors, le petit pied n'hésitant plus, Lisbeth descendit vers moi.

Oh, plus jamais il ne pourrait y avoir un autre matin comme celui-ci !

"Oh!"

J'ai regardé autour de moi en sursaut, et là, sa casquette légèrement relevée sur un œil, son « coutelas meurtrier » à la hanche et ses bras croisés sur sa poitrine, se tenait « Scarlet Sam, la Terreur des mers du Sud ».

"Lutin!" s'écria Lisbeth.

" Avast ! " s'écria-t-il d'un ton vigoureux ; " où ?"

J'ai jeté un regard impuissant à Lisbeth et elle à moi.

" Où est-ce , camarade de bord ? " » hurla-t-il de façon nautique, mais avant que je puisse trouver une réponse appropriée, Dorothy fit son apparition avec le chaton moelleux « Louise » blotti sous son bras comme d'habitude.

"Comment vas-tu?" » dit-elle modestement ; " C'est vraiment agréable de se lever si tôt, n'est-ce pas ? Nous avons entendu ma tante ramper sur la pointe des pieds, vous savez, alors nous sommes venus aussi. Reginald a dit qu'elle faisait semblant d'être des cambrioleurs, mais je pense qu'elle va « pagayer » .' Et toi, ma tante ? »

"Non, chérie, pas ce matin", répondit Lisbeth en secouant la tête.

"Alors tu vas faire une promenade dans le bateau de l'oncle Dick. Comme c'est bien !"

"Et tu nous emmèneras avec toi, n'est-ce pas, oncle Dick ?" s'écria le diablotin avec impatience. "Nous serons des pirates. Je serai 'Scarlet Sam' et vous pourrez être 'Timothy Bone, le maître d'équipage ', comme vous l'étiez la dernière fois.

"Impossible, mon diablotin," dis-je fermement. Il m'a regardé avec incrédulité pendant un moment, puis, voyant que je le pensais sincèrement, ses lèvres se sont mises à trembler.

"Je ne pensais pas que 'T-Timothy B-Bone' m'abandonnerait un jour", a-t-il déclaré avant de se détourner.

"Oh, ma tante !" s'écria Dorothy, tu ne nous emmèneras pas ?

"Cher, pas ce matin."

« Alors, tu vas loin, oncle Dick ?

"Oui, très loin", répondis-je, regardant avec inquiétude la silhouette tombante du diablotin et Lisbeth.

"Je me demande où?"

"Oh… eh bien… euh … en bas des rivières", balbutiai-je, assez perdu.

"Oui mais où?" insista Dorothée.

"Eh bien, pour... euh ... pour..."

"Au pays des délices du cœur", ajouta Lisbeth, "et tu peux venir avec nous, après tout, si oncle Dick veut bien t'y emmener."

"Bien sûr qu'il le fera, si votre tante le souhaite", m'écriai-je, "alors montez à bord, mes amis, et vifs !" En un instant, la main du diablotin était dans la mienne et il me souriait avec ses cils mouillés.

"Je savais que 'Timothy Bone' ne pourrait jamais être un—un 'voyou mutin'", dit-il, et il se tourna pour aider Dorothy à bord avec l'air d'un amiral sur son vaisseau amiral.

Et maintenant que tout était prêt, il détacha le peintre, ou, comme il dit, « glissa notre câble », et nous nous glissâmes au milieu du courant.

"Un navire", dit-il pensivement, "a toujours un nom. Comment allons-nous appeler celui-ci ? La dernière fois, nous étions des 'pirates' et c'était la Peste Noire—"

"Peu importe la dernière fois, Diablotin", interrompis-je ; "Aujourd'hui, elle est l'Espérance Joyeuse."

"Cela n'a pas l'air très 'pirate', d'une manière ou d'une autre," répondit-il avec un hochement de tête désobligeant, "mais je suppose que ça devra faire l'affaire."

Et ainsi, ce matin d'été, le bon navire Joyful Hope a mis le cap sur le « Pays des délices du cœur », et sûrement aucun navire de sa taille n'a jamais transporté une telle cargaison de bonheur avant ou depuis.

Et une fois de plus, « Scarlet Sam » piétinait le « gaillard d'arrière » et rugissait des ordres concernant les « haubans sous le vent » et les « renforts météo », avec diverses injonctions concernant le « barre », tandis que ses yeux roulaient et qu'il brandissait son « coutelas meurtrier ». comme il l'avait fait lors d'une certaine autre occasion mémorable. Jamais, plus jamais il ne pourrait y avoir un autre matin comme celui-ci – pour deux d'entre nous au moins.

Nous avons continué, passant devant les joncs, les carex et les saules pleureurs, le long des barrages rugissants et des écluses caverneuses, dans l'ombre des ponts de pierre sinistres et ressortant au soleil, devant les bois ombragés et les hautes terres verdoyantes jusqu'à ce qu'enfin nous « jetions l'ancre » avant un vol. de marches menant à un portail en pierre particulièrement usé surmonté d'une croix en pierre en ruine.

"Eh bien," s'exclama le diablotin en regardant fixement, "c'est une église !"

"Imp," j'acquiesçai, "Je crois que c'est le cas ?"

"Mais aujourd'hui, ce n'est pas dimanche, vous savez", remontra-t-il, voyant que nous avions l'intention d'atterrir.

"Peu importe, Diablotin ; 'plus l'action est bonne, meilleure est la journée, tu sais.'"

Nous avons continué, Dorothy avec la douce Louise sous le bras et le diablotin avec un coutelas se balançant à sa ceinture, tandis que Lisbeth et moi fermions la marche, et tandis que nous avancions, elle glissa sa main dans la mienne. Sous le porche, nous rencontrâmes une vieille femme occupée avec un balai et un très grand plumeau qui, apercevant le chaton de Dorothy et « l'arme meurtrière » du diablotin, laissa tomber d'abord le plumeau puis le balai, et resta là à regarder bouche bée. étonnement.

Et là, dans la vieille église sombre, avec le soleil du matin faisant une gloire de la fenêtre au-dessus de nos têtes, et avec les oiseaux pour nos choristes, les vœux ont été échangés et la bénédiction prononcée qui a donné Lisbeth et son avenir sous ma garde ; pourtant, je pense que nous étions tous les deux conscients de ces deux petites silhouettes dans l'obscurité du grand banc derrière, qui regardaient avec des yeux ronds émerveillés.

Le registre dûment signé et toutes les formalités accomplies, nous sortons au soleil ; et une fois de plus la vieille femme, plus riche maintenant d'une demi-couronne, est réduite à un étonnement muet, de sorte qu'elle ne peut plus parler, lorsque le diablotin, soulevant son bonnet à plumes, lui souhaite poliment « bonjour ».

En montant à bord du Joyful Hope, il y eut une pause gênante, pendant laquelle Lisbeth regarda les enfants et moi, elle.

"Nous devons les ramener à la maison", dit-elle enfin.

"Nous allons rater notre train, Lisbeth."

"Mais," et ici elle rougit délicieusement, "rien n'est vraiment pressé ; nous pouvons en prendre un... un plus tard."

"Ainsi soit-il", dis-je, et j'établis notre cap en conséquence.

Pendant un moment, il y eut un silence pendant lequel le diablotin, comme s'il s'attendait momentanément à une attaque d'ennemis assoiffés de sang, se renfrogna autour de lui, pistolet à la main, gardant, comme il le disait, « son œil tourné vers la météo », tandis que Dorothy regardait depuis Lisbeth. à moi et à nouveau avec des sourcils perplexes.

"Je crois que vous vous êtes mariés !" dit-elle soudain. Le Diablotin oublia tout de son « œil météorologique » et le regarda avec consternation.

"'Bien sûr que non!" s'écria-t-il enfin. "Oncle Dick ne ferait pas une chose pareille, n'est-ce pas, oncle Dick ?"

"Je l'ai, je l'avoue."

"Oh!" s'exclama-t-il sur le ton de la plus profonde tragédie. "Et tu l'as laissé faire, tante Lisbeth ?"

"Il était tellement, très persistant, Diablotin," triste , devenant cramoisie sous son œil de reproche.

"Ne sois pas trop dur avec nous, Imp," suppliai-je.

"Je suppose qu'on n'y peut rien maintenant", dit-il, un peu apaisé, mais fronçant néanmoins les sourcils sévèrement.

"Non," répondis-je, les yeux rivés sur le joli visage rougissant de Lisbeth, "on n'y peut certainement plus rien maintenant."

"Et tu ne recommenceras plus jamais ?"

"Plus jamais ça, Diablotin."

"Alors je te pardonne, seulement pourquoi… pourquoi as-tu fait ça ?"

"Eh bien, tu vois, mon diablotin, j'ai une vieille maison à la campagne, un vieil endroit très confortable , mais c'est solitaire, horriblement solitaire, de vivre seul. Je voulais que quelqu'un m'aide à y vivre depuis longtemps. ça fait longtemps, mais personne ne le sait, Lutin. Enfin, notre tante Lisbeth a promis de prendre soin de la maison et de moi, de remplir les pièces désolées de sa voix et de sa douce présence et ma vie vide de sa vie. Je ne comprends pas vraiment à quel point cela signifie pour moi maintenant, Diablotin, mais tu le comprendras peut-être un jour .

"Mais vas-tu nous enlever notre tante Lisbeth ?" s'écria Dorothée.

"Oui, chérie," répondis-je, "mais..."

"Oh, je n'aime pas du tout ça !" s'exclama le diablotin.

"Mais tu viendras là-bas et resteras avec nous aussi souvent que tu le voudras", dit Lisbeth.

"Ce serait parfaitement beau !" s'écria Dorothée.

"Oui, mais quand ?" » demanda sombrement le diablotin.

"Bientôt", répondis-je.

"Très bientôt!" dit Lisbeth.

"Promettras-tu d'être 'Timothy Bone, le maître d'équipage ', 'le 'Chevalier Noir' et 'Petit-John' chaque fois que je le veux - alors aide-toi Sam, oncle Dick ?"

"Je le ferai, Diablotin."

"Et me fabriquer une longue épée avec une—une 'pointe mortelle' ?"

"Oui," j'acquiesçai, "et je t'en montre de vrais aussi."

"Des vrais ?" il pleure.

"Oh, oui, et des armures aussi ; il y en a beaucoup dans la vieille maison, tu sais."

"Allons-y maintenant!" s'écria-t-il, bouleversant presque le bateau dans son empressement.

"Oh ! Ô Dick !" s'écria Lisbeth à ce moment-là, Dick, voilà Tante !

"Tante?" Je répète.

"Tante Agatha, et elle nous voit ; regarde !"

En tournant la tête, j'ai vu un spectacle des plus inattendus. Le vieux bateau avançait droit sur nous, ce bateau identique et cabossé par les intempéries, avec lequel Lisbeth et moi avions failli mettre fin à nos jours ensemble, et dont nous avons déjà parlé dans ces Chroniques. Sur le banc d'aviron était assis Peter, le cocher, et dans les écoutes arrière, très sombre et raide dans le dos, ses lorgnettes aux yeux, se trouvait Lady Warburton.

Il n'était pas question de s'échapper, et en une demi-douzaine de coups d'aviron nous nous trouvâmes à proximité et sous la batterie des lorgnettes.

"Elizabeth," commença-t-elle de sa manière la plus lourde, ignorant complètement ma présence, "Elizabeth, mon enfant, je rougis pour toi."

"Alors, tante, ne le faites pas, s'il vous plaît", s'écria Lisbeth ; "Je peux faire assez de ça pour moi-même. Je rougis toujours ces derniers temps," et comme pour prouver ses paroles, elle commença immédiatement à le faire.

"Elizabeth", poursuivit Lady Warburton en jouant avec ses lorgnettes, "votre lettre très éhontée et ingrate que j'ai reçue hier soir. Ce matin, je me suis levée à une heure désagréablement matinale, j'ai voyagé dans un train avec des courants d'air, et me voilà dehors. une rivière humide et sale dans un bateau qui prend l'eau, avec mes pieds horriblement mouillés, mais déterminé à vous sauver d'un acte dont vous pourrez vous repentir tous vos jours.

"Excusez-moi", dis-je en m'inclinant profondément, "mais un tel dévouement héroïque ne peut être suffisamment apprécié et admiré. Au nom de Lisbeth, je vous prie de vous remercier; néanmoins."

"M. Brent, je crois ?" » dit-elle d'un ton légèrement surpris, comme si elle remarquait ma présence pour la première fois.

"A votre service, madame !" J'ai répondu avec un autre salut.

"Alors je dois vous demander de ramener immédiatement ma pupille à Fane Court ; elle et les enfants m'accompagneront immédiatement à Londres."

« Ma chère Lady Warburton, » dis-je en faisant face aux lorgnettes avec un courage vraiment admirable, « cela me chagrine de vous refuser cette demande, mais croyez-moi, c'est impossible !

"Impossible!" répéta-t-elle.

"Assez!" J'ai répondu. "Vous voyez ici le bon navire Joyful Hope, à destination du "Pays des délices du cœur", et nous à bord sommes tous déterminés sur notre cap."

"'Et le vent souffle bon, et notre barre est sous le vent, donc c'est gros, mes marins, tous... O !'" s'écria le diablotin de sa voix nautique.

"Cher moi!" » éjacula Lady Warburton en le regardant fixement. "Elizabeth, soyez assez obligeante pour me dire ce que tout cela signifie. Pourquoi avez-vous tiré ces enfants de leurs lits pour venir flirter sur une horrible rivière à une telle heure ?"

"Excusez-moi, tante, mais elle ne nous a pas traînés", protesta le diablotin en s'inclinant exactement comme je l'avais fait un instant auparavant.

"Oh, non, nous sommes venus", acquiesça Dorothy.

"Et nous nous sommes mariés, vous savez", a déclaré le diablotin.

"Et tout cela était très, très beau", a ajouté Dorothy ; "Même Louise a tellement apprécié ça!" et elle a embrassé le chaton moelleux.

"Marié!" s'écria lady Warburton d'un ton horrifié ; "marié!"

"Ils le feraient, tu sais," soupira le diablotin.

"Et c'est tout à fait vrai aussi", dit Dorothy; "Tout le monde épouse toujours quelqu'un, de temps en temps ; c'est très à la mode en ce moment. Maman l'a fait et moi aussi quand je serai grande, je suppose."

« Mon Dieu, mon enfant ! » s'écria Lady Warburton.

"Je suppose que tu es en colère à ce sujet, tante", poursuivit le diablotin. " Au début, je l'étais... juste un tout petit peu ; mais vous voyez, oncle Dick a une magnifique maison avec des épées et des armures , mais vide, et il voulait garder quelqu'un dedans pour s'assurer que tout allait bien, je suppose , et chanter, tu sais, et prendre soin de sa vie. Tante Lisbeth sait chanter, et elle voulait y aller, alors je leur ai pardonné.

"Oh, vraiment, Reginald ?" » dit Lady Warburton d'une voix plutôt étrange, et je vis les coins de son nez haut et mince trembler étrangement.

" Je vous demande pardon, madame," dit Peter à ce moment-là en touchant sa casquette, "je ne connais pas grand-chose en bateaux, ma ligne étant des os , mais je pense que comme ce bateau est un- je vais couler."

"Alors ramez immédiatement vers le rivage", dit fermement Lady Warburton, "et si je n'y parvenais jamais vivant" - ici elle apporta sa lorgnette sur Lisbeth - "Je dis que si je rencontre une tombe aquatique ce jour-là, mon épitaphe sera être, 'Noyé par l'ingratitude d'une nièce.'"

Cependant, cette sombre tragédie ayant été heureusement évitée et Lady Warburton débarquée en toute sécurité, moi, sur un signe de tête de Lisbeth, j'ai ramé également jusqu'à la rive et nous avons tous débarqué ensemble.

Maintenant, comme la Fortune l'a voulu, et la Fortune était très gentille ce matin-là, l'endroit où nous nous trouvions était à un jet de pierre des Trois Jolly Anglers, et nous flottait dans l'air chaud et calme un parfum merveilleux, au loin. plus doux et plus séduisant que le souffle des roses ou du chèvrefeuille : le délicieux arôme du bacon frit.

Lady Warburton nous faisait face, son ombrelle repliée sous son bras, ressemblant beaucoup à un officier militaire en parade.

"Dorothy et Reginald," dit-elle d'une voix de commandement courte et aiguë, "dites au revoir à votre tante Lisbeth et accompagnez-moi immédiatement à la maison."

"Non, non," s'écria Lisbeth en tendant les mains suppliantes, "tu ne nous quitteras pas ainsi, tante... pour l'amour que je te porterai toujours, et... et..."

"Elizabeth, j'ai pris soin de toi depuis ton enfance. L'ingratitude est mon retour. Je t'ai vu grandir d'enfant à femme. J'ai planifié un avenir pour toi; tu as brisé ces plans. Je pourrais te dire que je suis une personne seule et déçue.

vieille femme, qui t'aimait bien plus qu'elle ne le pensait, mais je ne le ferai pas !

" Chère, chère tante Agatha, m'as-tu tant aimé, et je ne l'ai jamais deviné ; tu ne me laisserais pas, tu vois. Ah ! ne me trouve pas ingrat, mais quand une femme vient se marier, elle doit choisir elle-même comme J'ai fait ; et je suis heureux, chéri et fier de mon choix, fier d'avoir gagné le véritable amour d'un véritable homme ; seulement, ne pensez pas que je suis ingrat. Et si cela doit être un adieu, ne nous le permettons pas. partie comme ça – pour moi, pour toi et pour mon… mari.

Lady Warburton s'était détournée, et il s'ensuivit une pause quelque peu embarrassante.

"Elizabeth," dit-elle soudain, "si je ne me trompe pas, quelqu'un est en train de faire frire du bacon quelque part, et j'ai une faim vorace."

"Moi aussi", s'écria le diablotin.

"Et moi aussi", intervint Dorothy.

"Alors supposons que nous prenions le petit-déjeuner", suggérai-je, et presque moins de temps qu'il n'en faut pour le dire, je traversais le green avec Lady Warburton à mon bras – en m'appuyant en fait sur mon bras. Tout s'est passé si vite que le Ciel et Lisbeth seuls savent comment elle en est arrivée là.

Et maintenant, qui a été si surpris de nous voir dans l'honnête Amos Baggett, nous introduisant avec de nombreux saluts et sourires dans le Sanded Parlour , où le petit-déjeuner fut bientôt prêt ; et qui est plus prompte et plus adroite à répondre à nos besoins que la femme de chambre aux joues roses ?

Et quel petit-déjeuner c'était ! Jamais les chenets antiques sur le foyer, les assiettes et plats en étain sur les murs, le tromblon ceinturé en laiton au-dessus de la cheminée n'avaient paru auparavant aussi brillants et polis, et sûrement jamais ils n'avaient brillé sur une compagnie plus joyeuse. Certes, les remarques du diablotin étaient plutôt rares, mais c'était simplement à cause de la confiture de mûres.

"Je suppose que vous êtes tous les deux ridiculement heureux", dit Lady Warburton en nous regardant par-dessus sa tasse de café.

« Très absurdement ! répondit Lisbeth en rougissant tout à coup.

« Absurde ! » J'ai hoché la tête.

"Bien sûr!" » dit Lady Warburton, et posant sa tasse, elle soupira, tandis que je me demandais quels souvenirs sa vie étroite pouvait contenir.

"Oncle Dick," dit soudain le diablotin, "tu supposes que Scarlet Sam a déjà mangé de la confiture de mûres ?"

"Sans aucun doute, mon Diablotin, quand il pourra l'obtenir." Cela parut grandement soulager son esprit ; car il en prit une autre portion.

Mais tout doit avoir une fin, hélas ! – même un petit-déjeuner comme celui-ci, et bientôt nous nous retrouvons dehors au soleil, debout sous l'enseigne décolorée sur laquelle trois pêcheurs fanés pêchaient avec des cannes fanées dans un ruisseau fané ; tandis que sur la route, nous apercevions déjà Peter qui s'approchait avec la voiture.

"Et maintenant, je suppose que tu y vas ?" dit lady Warburton.

"Il y a un train à dix heures et demie", répondis-je.

"Et nous y allons aussi!" dit Dorothée.

"Oui, nous sommes tout à fait prêts, oncle Dick", s'écria le diablotin en mettant ses pistolets dans sa ceinture.

"Mais vous ne me laisseriez pas tout seul, n'est-ce pas, les enfants ?" » demanda Lady Warburton, et il y avait dans son visage acéré une certaine nostalgie qui lui semblait nouvelle.

"Bien sûr que non," soupira le diablotin, "seulement..."

"Nous devons rester et prendre soin d'elle, Reginald," acquiesça Dorothy de manière décisive.

"Oui, je prendrai soin de toi, tante, avec une lance , une hache de combat et une épée, de jour comme de nuit", dit le diablotin, "seulement... j'aurais aimé voir la magnifique maison de l'oncle Dick, avec les vraies épées et armures , au Pays des Délices du Coeur – un jour , vous savez.

"Et c'est ce que vous ferez", s'écria Lady Warburton, et elle se baissa pour l'embrasser, puis Dorothy, des baisers plutôt « embêtants », peut-être, mais malgré tout des baisers très authentiques.

"Richard," dit-elle en me tendant la main, "nous descendrons dans votre magnifique maison - nous trois la semaine prochaine, alors soyez prêts - maintenant partez - vous deux."

"Alors tu me pardonne, tante?" demanda Lisbeth hésitante.

" Eh bien, je ne le sais pas encore bien, Lisbeth ; mais, ma chère, je vais vous dire quelque chose dont je n'ai jamais parlé à personne autre que vous ; si j'avais agi il y a quarante ans comme vous l'avez fait aujourd'hui, je J'aurais dû être une créature bien différente de la vieille femme aux traits croisés que vous pensez. Voilà... il y a un baiser, mais quant à vous pardonner, c'est une tout autre affaire ; il faut que j'aie le temps d'y réfléchir. ma chère ; et, Richard, remplissez sa vie de bonheur, pour compenser la mienne, si vous le pouvez. Les enfants, dites au revoir à votre tante et à votre oncle Dick ! »

"Tu n'oublieras pas l'épée avec la 'pointe mortelle', n'est-ce pas, oncle Dick
?"

"Je n'oublierai pas, mon Diablotin !" Là-dessus il essaya de sourire, mais ses
lèvres tremblantes refusèrent, et arrachant son bandeau des miens, il se
détourna ; Quant à Dorothy, elle sanglotait dans la fourrure du chaton
duveteux.

Puis j'ai aidé Lisbeth à bord du Joyful Hope, l'aimant d'autant plus pour les
larmes qui brillaient sous ses longs cils, et « nous lâchant », nous avons glissé
dans le courant.

Ils se tenaient là, les deux enfants, avec la silhouette aux cheveux blancs entre
eux, Dorothy tenant « Louise » aux yeux ronds pour un dernier aperçu, et le
diablotin brandissant son coutelas, jusqu'à ce qu'un méandre de la rivière les
cache à la vue.

Alors Lisbeth et moi avons navigué ensemble à travers la matinée dorée
jusqu'au « Pays des délices du cœur ».

www.ingramcontent.com/pod-product-compliance
Lightning Source LLC
LaVergne TN
LVHW041704190726
843493LV00007B/1934